Ausflüge gegen das Vergessen

Sabine Bade ist Politikwissenschaftlerin und lebt in Konstanz. Für das Gedenkorteportal des *Studienkreises Deutscher Widerstand 1933–1945* verfasste sie den Themenkomplex NS-Verbrechen und Erinnerungsorte in Griechenland. Sie veröffentlichte das Wander- und Geschichtsbuch „Partisanenpfade im Piemont" (Querwege Verlag Konstanz, 2. Auflage 2018) und ist Mitautorin des Buches „Mit Mut und List. Europäische Frauen im Widerstand gegen Faschismus und Krieg" (PapyRossa Verlag 2020, hg. von Florence Hervé).

Sabine Bade

Ausflüge gegen das Vergessen

NS-Gedenkorte zwischen Ulm und Basel, Natzweiler und Montafon

UVK Verlag · München

Umschlagmotiv: Stilisierter Häftling mit gestreifter Kleidung, rotem Winkel und Häftlingsnummer 4454 auf der linken Brust auf dem Geischberg bei Erzingen (Balingen). Foto: Sabine Bade

Bibliografische Information der Deutschen Nationalbibliothek
Die Deutsche Nationalbibliothek verzeichnet diese Publikation in der Deutschen Nationalbibliografie; detaillierte bibliografische Daten sind im Internet über http://dnb.dnb.de abrufbar.

UVK Verlag 2021
– Ein Unternehmen der Narr Francke Attempto Verlag GmbH + Co. KG
Dischingerweg 5 · 72070 Tübingen

Internet: www.narr.de
eMail: info@narr.de

CPI books GmbH, Leck

ISBN 978-3-7398-3106-0 (Print)
ISBN 978-3-7398-8106-5 (ePDF)

Gegen das Vergessen

Nichts gehört der Vergangenheit an.
Alles ist Gegenwart und kann wieder Zukunft werden.
(Fritz Bauer)

Verbrechen verübten die Nazis nicht nur im fernen Auschwitz, in großen Konzentrationslagern wie Dachau, Buchenwald oder Ravensbrück. Verbrechen verübten sie auch überall in unserer unmittelbaren Umgebung – auf der Schwäbischen Alb, im Schwarzwald, am malerischen Bodensee.

Die NS-Schergen ließen, kaum war ihnen die Macht übertragen worden, bereits 1933 in Baden und Württemberg Konzentrationslager zur sofortigen Ausschaltung ihrer politischen und weltanschaulichen GegnerInnen errichten. Am 23. März 1933 wurde der Sozialdemokrat und Mitgründer des Republikanischen Richterbundes in Württemberg, Fritz Bauer, der später als hessischer Generalstaatsanwalt den Auschwitz-Prozess erstritt, aus seinem Amtszimmer im Stuttgarter Amtsgericht abgeführt und in das Konzentrationslager Heuberg bei Stetten am kalten Markt gebracht. Ein Schicksal, das viele Gewerkschafter, Kommunisten, Sozialdemokraten, unter ihnen auch viele Landtags- und Reichstagsabgeordnete, mit Fritz Bauer teilten. Für nicht wenige von ihnen war die Haft in diesen frühen Konzentrationslagern in Baden und Württemberg, die mit Ausnahme der Exekutionsstätten bereits alle Funktionsbereiche späterer Konzentrationslager aufwiesen, lediglich der Beginn jahrelanger Leiden in unterschiedlichsten KZ.

Die Nazis ließen schon früh „erbkranke" Menschen, von ihrer Propaganda als „unnütze Esser" und „Ballastexistenzen" diffamiert, gegen ihren Willen unfruchtbar machen. Sie verschleppten aus Heil- und Pflegeanstalten Frauen und Männer zur massenhaften Vergasung, die nicht den nationalsozialistischen Vorstellungen des „erbgesunden Ariers" entsprachen. Der NS-Staat trieb Jüdinnen und Juden, Sinti und Roma, die durch die Nürnberger Rassengesetze längst entrechtet waren, in Internierungslagern zusammen, von wo aus sie in die Vernichtungslager deportiert wurden. Und in den vielen Konzentrationslagern, die im gesamten Land sogar noch in der Endphase des NS-Regimes entstanden, wurden auch aus Auschwitz herbeigeschaffte KZ-Häftlinge durch Zwangsarbeit zigtausendfach vernichtet. All dies geschah nicht selten in einer idyllischen Umgebung, oft an Orten, die uns – etwa am Fuße der Hohenzollernburg oder am Ufer des Bodensees – heute als attraktive Ausflugsziele dienen.

Die Idee, einige Gedenkstätten und Erinnerungsorte vorzustellen, die die Geschichte der Verbrechen der Nationalsozialisten in der Region zwischen Ulm und Basel, Natzweiler und dem Montafon dokumentieren und deren Opfern gewidmet sind, entstand im Sommer 2019. Bei den verantwortlichen Redakteuren des Online-Magazins seemoz.de, die sich kritisch auf ihre Fahnen geschrieben haben, „Lesenswertes aus Kultur und Politik für den Bodenseeraum und das befreundete Ausland“ zu veröffentlichen, traf ich damit sofort auf großes Interesse. Viele in diesem Buch vorgestellte „Ausflüge gegen das Vergessen“ wurden ab Oktober 2019 auf seemoz.de erstveröffentlicht. Geplant hatte ich anfangs lediglich eine kleine Artikelserie, die an Gedenkorte für Angehörige möglichst aller Opfergruppen des NS-Regimes – Jüdinnen und Juden, Opfer der „Euthanasie“-Verbrechen, Sinti und Roma, ZwangsarbeiterInnen und Frauen und Männer des Widerstands – führen und dabei auch nicht an nationalen Grenzen haltmachen sollten. Da das heutige Baden-Württemberg am Ende des Zweiten Weltkrieges mit kleineren Konzentrationslagern übersät war, Zwangsarbeiterlager fast vor jeder Haustür bestanden, jede jüdische Gemeinde zerstört und aus fast jeder Heil- und Pflegeanstalt im Land kranke und behinderte Menschen – oder wen die Nazis dafür hielten – in Grafeneck ins Gas geschickt wurden, hätte der „Stoff“ für über hundert Artikel gereicht. Die von mir vorgenommene Auswahl ist daher eher zufällig zustande gekommen.

Diese Veröffentlichungen stießen nicht nur auf größeres Interesse, als ich erwartet hatte, sondern warfen aus dem LeserInnenkreis auch immer häufiger die Frage auf, wann sie gesammelt als Buch herauskommen würden.

Dieses Buch liegt hier nun mit 35 „Ausflügen gegen das Vergessen“ vor. Die Abfolge der Artikel erfolgt chronologisch: Der erste Ausflug führt zum bereits im März 1933 eröffneten KZ Heuberg, der letzte widmet sich dem Mitte Mai 1945 von den französischen Besatzungskräften auf der Insel Mainau installierten Lazarett, in dem befreite KZ-Häftlinge gesund gepflegt wurden. Da die historischen Hintergründe jedes Gedenkortes lediglich schlaglichtartig dargestellt werden können, sind jedem Artikel Hinweise auf vertiefende Literatur und Websites beigefügt. Und per QR-Code eingebundene Karten dienen der genauen Lokalisierung der manchmal nicht leicht zu findenden Gedenkorte und Erinnerungsstätten.

Zum Gelingen dieses etwas anderen heimatgeschichtlichen Wegweisers, der den Blick weitet auf eine Gegend, die wir bisher gut zu kennen glaubten, trugen viele AnsprechpartnerInnen von bürgerschaftlich getragenen Gedenkstätteninitiativen bei, denen ich für Informationen zu Dank verpflichtet bin. Mein besonderer Dank aber gilt Brigitte Matern und Pit Wuhrer, die dies Projekt von Beginn an konstruktiv begleiteten, meiner Lektorin Uta Preimesser, die sich für die Veröffentlichung einsetzte, und Professor Dr. Wolfram Wette für seine Bereitschaft, diesem Buch ein Geleitwort voranzustellen.

Konstanz, im Juli 2021 *Sabine Bade*

In die mit roten Kreisen gekennzeichneten Orte führen „Ausflüge gegen das Vergessen"; die Ziffern dahinter verweisen auf die jeweiligen Kapitel.

Inhalt

Geleitwort

„*Wir brauchen nicht nach Auschwitz zu fahren, um an Informationen über Nazi-Verbrechen heranzukommen. Viele Schandtaten – etwa die mörderische Zwangsarbeit – geschahen vor unserer Haustür oder in den naheliegenden Regionen.*“ Diese Erkenntnis brachte die Politikwissenschaftlerin Sabine Bade auf die Idee, von Konstanz aus in immer größer werdenden Kreisbewegungen bekannte und weniger bekannte Gedenkstätten aufzusuchen, diese fotografisch zu dokumentieren und das dortige Geschehen während der NS-Zeit in informativen und leserfreundlich geschriebenen Artikeln zu beschreiben. Das sind die „Ausflüge gegen das Vergessen“, die in diesem Buch vorgestellt werden.

Lokalgeschichtliche NS-Forschungen wirken nur selten über die jeweilige Gemeinde hinaus. Es macht die Besonderheit des Buches aus, dass die Autorin lokale Beschränkungen überwindet und ihren Blick über Südwestdeutschland hinaus weitet. Sie bezieht Gedenkstätten in den Nachbarregionen Frankreichs, der Schweiz und Österreichs mit ein. Begründet ist dies in der Geschichte selbst. Denn die nationalsozialistische Verfolgungspolitik wirkte sich auch auf diese Grenzregionen aus oder fand in ihnen statt.

Die Autorin befindet sich auf dem neuesten Stand der Forschung, wenn sie Opfer und Täter gleichermaßen beschreibt. Sie steht damit in der Tradition der innovativen Buchreihe „Täter, Helfer, Trittbrettfahrer“, die in den letzten Jahren von sich reden machte. Zuvor war man in Deutschland über lange Jahrzehnte hinweg der Devise „Frieden mit den Tätern“ gefolgt und hatte die Auseinandersetzung mit diesen weitgehend vermieden.

Auch im 3. Jahrzehnt des 21. Jahrhunderts ist der Ruf nach einem Schlussstrich unter die schlimme Nazi-Zeit nicht verhallt. Angestimmt wird er gewöhnlich von Menschen, die es gänzlich versäumt haben, sich mit dieser Zeit auseinanderzusetzen, sich aber gleichzeitig mit einer unreflektierten Last herumplagen. Ihnen muss man sagen, dass ihre Sehnsucht nach dem Schlussstrich auch künftig nicht erfüllt werden kann. Das liegt nicht etwa am Einfluss mächtiger Opfergruppen in der nationalen und internationalen Öffentlichkeit. Vielmehr ist es die außerordentliche Dimension des verbrecherischen Geschehens selbst, die ein Vergessen nicht zulässt.

Die vorliegenden „Ausflüge gegen das Vergessen“ sind höchst willkommen. Denn mit dem zeitlichen Abstand zum historischen Geschehen lässt das Interesse naturgemäß nach. Viel Gegenwart drängt nach vorn. Das Erinnern geht neue Wege. Man muss zudem bedenken: Erinnern kann sich eigentlich nur, wer etwas selbst erlebt hat. Und das selbst Erlebte kann naturgemäß lediglich ein kleines Segment eines größeren Geschehens ausmachen. Heute leben nur noch wenige Menschen, die sich – in besagtem Sinne – erinnern können. Wir sind in eine Zeit des „kulturellen Gedächtnisses“ eingetreten, in der das Erinnern der Kriegsgeneration abgelöst wird durch historisches Wissen, das erlernt und erworben werden kann. Unsere Basis sind die Wissensbestände, die von Historikerinnen und Historikern und anderen Kulturschaffenden erarbeitet worden sind.

Wenn die Alten nicht mehr da sind, die den Jüngeren authentisch über selbst Erlebtes berichten können, nimmt die Bedeutung von Orten des Gedenkens zu. Glücklicherweise gibt es im südwestdeutschen Raum und in den angrenzenden Regionen viele solcher Gedenkstätten zu entdecken. Etliche von ihnen wurden durch die 1968er Kulturrevolte angestoßen. Damals entstanden in vielen Städten und Gemeinden lokale Geschichtswerkstätten. Sie machten es sich zur Aufgabe, die Geschehnisse „vor Ort" aufzubereiten, die Forschungsergebnisse in die öffentliche Diskussion einzubringen und die Errichtung von Stätten der Erinnerung einzufordern. Bis heute werden die meisten Gedenkstätten von privatem Engagement getragen. Sabine Bade würdigt dieses zivilgesellschaftliche Wirken ausdrücklich, indem sie in jedem einzelnen Fall die Rolle der lokalen Geschichtswerkstätten und ihrer Protagonisten beschreibt.

Die „Ausflüge gegen das Vergessen" richten sich an Menschen, die mehr über Nazi-Verbrechen in ihrer näheren Umgebung wissen wollen. Ich stelle mir vor, dass sich auch Lehrerinnen und Lehrer durch das Buch zu der einen oder anderen Exkursion mit ihren Schülern zu einer der Gedenkstätten anregen lassen. Die Aneignung von Wissen über die schlimme Zeit der Nazi-Herrschaft kann zum Nachdenken anregen und zu einer humanen Orientierung beitragen.

Kann Geschichtsbewusstsein einer Wiederholung vorbeugen? Hans-Jochen Vogel, der im Jahre 1993 die überparteiliche Vereinigung *„Gegen Vergessen – Für Demokratie"* gründete, beurteilte die Chancen zum Lernen aus der Geschichte durchaus differenziert. Er rate dazu, formulierte er in aller Vorsicht, sich der Erinnerung zu stellen, weil diejenigen, denen die Verbrechen der Vergangenheit und die Katastrophen unserer jüngeren Geschichte vor Augen stehen, vielleicht *„wachsamer und widerstandsfähiger sind als andere"*, die sich damit gar nicht beschäftigt haben.

Waldkirch, im Juli 2021 *Professor Dr. Wolfram Wette*

Das KZ Heuberg in Stetten am kalten Markt – das erste Konzentrationslager in Württemberg (1)

KZ-Gedenkstätte Heuberg …

Kaum war die Machtübergabe an die Nationalsozialisten erfolgt, richteten sie Mitte März 1933 das Konzentrationslager Heuberg auf der Schwäbischen Alb ein. In diesem ersten KZ in Württemberg waren zeitweilig über 2000 männliche Oppositionelle – Gewerkschafter, Kommunisten, Sozialdemokraten, unter ihnen auch Kurt Schumacher und Fritz Bauer – inhaftiert. Ohne richterlichen Haftbefehl oder ordentliches Strafverfahren in „Schutzhaft" genommen, waren die Männer perversen Demütigungen, Willkür und Gewalt ausgeliefert.

Das KZ Heuberg, eines der frühen NS-Konzentrationslager

Juristische Grundlage zur Ausschaltung jeglicher Opposition war der nach dem Reichstagsbrand vom 27. Februar 1933 ausgerufene Staatsnotstand und die am Tag danach erlassene „Verordnung zum Schutz von Volk und Staat". Sie setzte individuelle Grundrechte außer Kraft und ermöglichte den neuen Machthabern, überall im Land ohne richterlichen Haftbefehl oder ordentliches Strafverfahren Männer und Frauen in „Schutzhaft", so die euphemistische Bezeichnung, zu nehmen und perversen Demütigungen, Willkür und brutaler Gewalt auszusetzen.

Als nach den großen Verhaftungswellen, mit denen die Nazis ab Ende Februar 1933 ihre GegnerInnen verfolgten, die Gefängnisse völlig überfüllt waren, erteilte NS-Reichskommissar Dietrich von Jagow dem Stuttgarter Polizeipräsidenten Rudolf Klaiber Mitte März 1933 den Auftrag, für Württemberg-Hohenzollern ein KZ für politische Gefangene einzurichten. Eines der vielen Konzentrationslager, die das NS-Regime ab diesem Zeitpunkt überall in Deutschland zur Ausschaltung seiner politischen und weltanschaulichen GegnerInnen errichten ließ.

Klaiber wählte als Standort das Areal des Truppenübungsplatzes Heuberg bei Stetten am kalten Markt, das nach militärischer Nutzung (1914 bis 1919) dem Verein Kindererholungsfürsorge Heuberg e.V. zur Verfügung stand. Das Lager blieb dem Stuttgarter Polizeipräsidium unterstellt und war damit eine staatliche Einrichtung des Innenministeriums. Die Bewachung lag in der Hand der Schutzpolizei und der als Hilfspolizisten rekrutierten SA-Männer.

Der Sozialdemokrat und Mitgründer des Republikanischen Richterbundes in Württemberg, Fritz Bauer, der später als hessischer Generalstaatsanwalt den Auschwitz-Prozess erstritt, wurde am 23. März 1933 aus seinem Amtszimmer im Stuttgarter Amtsgericht abgeführt und in das KZ Heuberg gebracht. Kurt Schumacher, später Parteivorsitzender der SPD, teilte dieses Schicksal ab dem 6. Juli 1933 ebenso wie auch nahezu die komplette obere und mittlere Funktionärsebene der KPD in Württemberg und Baden, Landtags- und Reichstagsabgeordnete, weitere Sozialdemokraten und auch Mitglieder anderer Parteien.

Perverse Demütigungen, Willkür und brutale Gewalt als Lageralltag

Der Historiker Markus Kienle beschreibt die zum Lageralltag unter SA-Führer Karl Buck (1894–1977) gehörenden Misshandlungen folgendermaßen: *„Die Gefangenen wurden auf dem Speicher, der ‚Schlagzelle', mit Holzprügeln und Koppelriemen bis zur Bewusstlosigkeit geschlagen, mit Polizeistiefeln getreten, die Treppen hinauf und hinunter gehetzt und im Hof gefoltert. Drohungen mit dem Tod durch Erschießen führten zu Nervenzusammenbrüchen und zu irreversiblen psychischen Schäden. Hinzu kam die ständige Erniedrigung der Häftlinge, die den Fliegendreck an den Flurfenstern mit Zeitungspapier herauskratzen oder die Treppen mit dem Kopf nach unten reinigen mussten, die nach Beendigung der Arbeit durch einen Eimer Schmutzwasser wieder verdreckt wurden. Einigen Häftlingen wurde beim Abrasieren ihrer Haare ein Hakenkreuz stehen gelassen. Die Gewalt war willkürlich und selten einer konkreten Tat vonseiten der Häftlinge zuzuordnen.* […] *Auf dem Heuberg war der Tod der Häftlinge kein direktes Ziel, auch wenn täglich damit gedroht wurde. Misshandlungen wurden in der Regel gestoppt, bevor sie zum Tode führten."* (Kienle 2005, S. 118)

Eine Reihe von Todesfällen auf dem Heuberg – wie der von Hermann Wißmann, der am 8. April 1933 im Alter von nur 31 Jahren an Herzversagen starb – ist bis heute ungeklärt. Der Mord an dem Kommunisten Salomon Leibowitsch ist jedoch belegt: Nach seiner Einlieferung in das KZ Heuberg am 8. September 1933 wurde er noch am selben Tag bestialisch gefoltert und einen Tag später von zwei SA-Männern an den Füßen die Treppe hinunter geschleift, wobei sein Kopf ständig auf Treppenstufen schlug, was Leibowitsch nicht überlebte.

Das KZ Heuberg bestand nur wenige Monate. Da die Reichswehr (ab 1935 als Wehrmacht bezeichnet) das Areal für ihre Zwecke beanspruchte, verlegte man die Häftlinge zwischen November und Dezember 1933 in das KZ Oberer Kuhberg in Ulm (→ S. 17) und in die Konzentrationslager Ankenbuck und Kislau.

Nur eine kleine Gedenkstätte erinnert an das KZ

Noch heute wird das Areal des ehemaligen KZ militärisch genutzt, als Truppenübungsplatz und Bundeswehrstandort. Am Rand des Truppenübungsplatzes – und damit öffentlich zugänglich – erinnert nur eine kleine Gedenkstätte neben der Dreitrittenkapelle an das frühere KZ. Sie wurde im Auftrag des SPD-Landesverbandes Baden-Württemberg von dem Bildhauer Reinhard Bambsch gestaltet und im Juli 1983 zum 50. Jahrestag der Verhaftung von Kurt Schumacher eingeweiht.
Nicht zugänglich hingegen ist der Stolperstein, den Gunter Demnig auf Wunsch des Kommandeurs des Truppenübungsplatzes Anfang November 2019 – unter Ausschluss der Öffentlichkeit, jedoch im Beisein vieler PressevertreterInnen – für Salomon Leibowitsch verlegte, der am 9. September 1933 im KZ Heuberg ermordet wurde.

... an der Dreitrittenkapelle

► *Weitere Gedenkorte in der Nähe*

Nur einige hundert Meter davon entfernt erinnert ein Gedenkstein auf dem sogenannten Russenfriedhof daran, dass der Heuberg ab Oktober 1942 auch als Ausbildungslager für das „Strafbataillon 999" diente. Nach Schließung des KZ und anschließender militärischer Nutzung, unter anderem als Aufstellungsort diverser Verbände von Wehrmacht und Waffen-SS, wurden hier als „wehrunwürdig" geltende Männer auf ihren Einsatz an der Front gedrillt. Als „wehrunwürdig“ galt gemäß NS-Gesetzgebung, wer jemals zu einer Zuchthaus- oder Gefängnisstrafe – ob wegen einer Straftat oder antifaschistischer „staatsfeindlicher Betätigung“ – verurteilt worden war. Angesichts des verlustreichen Kriegsverlaufs und dem damit steigenden Bedarf an Soldaten revidierte das Oberkommando der Wehrmacht diese Haltung und zwangsrekrutierte nun auch diese Männer. Ihre Ausbildung auf dem Heuberg erfolgte unter verschärften, vielfach unmenschlichen Bedingungen. Hinrichtungen wegen Lappalien dienten der Abschreckung. Danach wurden die Männer als Kanonenfutter an die Front geschickt. Zur „Bewährung“, wie es hieß.

Die Vereinigung der Verfolgten des Naziregimes – Bund der Antifaschistinnen und Antifaschisten (VVN-BdA) Baden-Württemberg verlegte zur Erinnerung an die Soldaten der „999er“ im Herbst 1986 einen flachen Gedenkstein: „Den erschossenen und gefallenen Antifaschisten der Bewährungsbataillone 999“.

Gedenkstein für die „999er“ auf dem sogenannten Russenfriedhof

Vertiefende Informationen

Kienle, Markus: Heuberg, in: Benz, Wolfgang / Distel, Barbara (Hg.): Der Ort des Terrors – Geschichte der nationalsozialistischen Konzentrationslager Band II, München 2005, S. 126-128

Kienle, Markus: Das Konzentrationslager Heuberg bei Stetten am kalten Markt, Ulm 1998

Klausch, Hans-Peter: Die 999er – Von der Brigade ‚Z‘ zur Afrika-Division 999: Die Bewährungsbataillone und ihr Anteil am antifaschistischen Widerstand, Frankfurt a.M. 1985

Das KZ Oberer Kuhberg in Ulm – eine Vorstufe zur Hölle (2)

Eingang zur KZ-Gedenkstätte Oberer Kuhberg

Das Konzentrationslager Oberer Kuhberg war ein weiteres jener frühen Lager, die die Nationalsozialisten – kaum war ihnen die Macht übertragen worden – bereits 1933 überall in Deutschland zur sofortigen Ausschaltung ihrer politischen und weltanschaulichen GegnerInnen errichten ließen. Obwohl es das einzige dieser frühen KZ in Süddeutschland ist, dessen Gebäude und Gelände weitgehend unverändert erhalten geblieben sind, bedurfte es jahrzehntelanger Bemühungen vor allem der Lagergemeinschaft Heuberg-Kuhberg-Welzheim, die weit verbreitete Schlussstrichmentalität zu durchbrechen und eine beeindruckende Gedenkstätte zu schaffen.

Vom Heuberg auf den Oberen Kuhberg

In Württemberg war bereits Mitte März 1933 das Konzentrationslager Heuberg (→ S. 13) auf der Schwäbischen Alb eingerichtet worden, in dem zeitweilig über 2000 männliche Oppositionelle – Gewerkschafter, Kommunisten, Sozialdemokraten – inhaftiert waren. Dieses KZ bestand allerdings nur für zehn Monate: Als die Reichswehr (ab 1935 als Wehrmacht bezeichnet) das Areal für ihre Zwecke beanspruchte, verlegte man zwischen November und Dezember 1933 jene Häftlinge in andere Konzentrationslager, die als unbeugsam galten; andere waren zuvor in propagandistisch ausgeschlachteten Amnestieaktionen entlassen worden. Die knapp 300 württembergischen Heuberg-Häftlinge des „harten Kerns" – unter ihnen auch Kurt Schumacher, der spätere Parteivorsitzende der SPD – kamen um Weihnachten 1933 in das Fort Oberer Kuhberg.

Die Anlage war als Teil der zwischen 1842 und 1857 errichteten riesigen, ganz Ulm und Neu-Ulm umfassenden Bundesfestung Ulm entstanden. Zur Abwehr möglicher Angriffe aus Frankreich erbaut, war die Festung zur Stationierung von Tausenden Soldaten ausgelegt. Der Obere Kuhberg diente im Deutsch-Französischen Krieg 1870/71 und während des Ersten Weltkriegs als Kriegsgefangenenlager. Danach stand das Lager leer, wurde aber wohl hin und wieder wie andere Festungsteile von der illegalen „Schwarzen Reichswehr" als Übungsgelände genutzt.

Was die Heuberg-Häftlinge dort vorfanden, beschrieb Erich Kunter so: *„Am ersten Weihnachtstag 1933 wurden wir vom Heuberg in den Kuhberg nach Ulm überführt, in die unterirdischen Festungsgänge.* [...] *Im Halbdunkel tappten wir in den Kasematten die engen Wendeltreppen hinunter, gingen durch die schmalen Gänge* [...], *standen in den dumpfen, feuchtkalten Verließen eine Weile bedrückt und verlassen umher, wollten es nicht glauben, dass dies unsere Unterkunft sein sollte.* [...] *Lehmboden, aus dem Grundwasser hervorsickerte, an den Decken Tropfsteingebilde, ein dumpfes und muffiges Gemäuer.* " (Kunter, S. 258f.)

Das KZ Oberer Kuhberg, eine Vorstufe zur Hölle

Das KZ wurde im Oktober 1933 auf Erlass des württembergischen Reichsstatthalters Wilhelm Murr eingerichtet, trug den verharmlosenden Namen „Württembergisches Schutzhaftlager Oberer Kuhberg, Ulm/Donau" und unterstand der Württembergischen Politischen Polizei, somit dem Innenministerium des Landes Württemberg. Lagerkommandant war Karl Buck, der für sich später den zweifelhaften Ruhm in Anspruch nehmen konnte, der deutsche KZ-Kommandant mit der längsten Dienstkarriere gewesen zu sein: Als Beamter bei der politischen Polizei im Stuttgarter Innenministerium und dort von etwa 1935 bis 1945 zuständig für das „Schutzhaftwesen", leitete er nacheinander die Konzentrationslager Heuberg, Oberer Kuhberg, Welzheim und war ab 1940 Kommandant des Lagers Schirmeck-Vorbruck im Elsass.

Unter Bucks Leitung wurde Terror zum bestimmenden Merkmal des KZ-Alltags auf dem Kuhberg. Stundenlange Strafappelle und sinnlose Beschäftigung, körperliche Drangsalierungen und Schikanen, der Entzug von Essen sowie ein nur eingeschränkter Zugang zu den Latrinen standen auf der Tagesordnung. Auch perverse Demütigungsrituale, Scheinerschießungen und Folterungen waren Bestandteile des Lageralltags. „Politisch Unbelehrbare" wie Alfred Haag (1904–1982), der bei den Wahlen vom 10. April 1932 als jüngster Abgeordneter für die KPD in den württembergischen Landtag gewählt worden war, und der sozialdemokratische Reichstagsabgeordnete für Stuttgart, Kurt Schumacher, saßen im Kuhberg als „Verführer" und „Drahtzieher" in Isolationshaft und waren besonders brutalen Schikanen unterworfen.

Dies KZ *„wies – mit Ausnahme der Exekutionsstätten – bereits alle Funktionsbereiche späterer Konzentrationslager auf"*, konstatiert Nicola Wenge, die wissenschaftliche Leiterin des

Dokumentationszentrum Oberer Kuhberg (Wenge, S. 69). Dabei waren – anders als die späteren KZ – alle frühen Lager noch nicht zur dauerhaften Inhaftierung gedacht. Etwa sechs bis zwölf Wochen dauerten diese brutalen „Umerziehungsmaßnahmen", denen die Mehrzahl der Kuhberg-Häftlinge ausgesetzt war. Mit diesen Lagern erreichten die Nazis dennoch ihr politisches Ziel: Die politische Opposition war ausgeschaltet, zum Schweigen gebracht oder ins Ausland geflohen und die organisierte ArbeiterInnenbewegung zerschlagen. Durch Abschreckung war Widerstand bereits im Keim erstickt worden, das NS-Regime hatte seine Macht zementiert.

Bei der Schließung des Kuhbergs im Zuge der reichsweiten Zentralisierung des KZ-Systems im Juli 1935 wurden die letzten 30 von insgesamt etwa 600 Häftlingen in das KZ Dachau gebracht, unter ihnen auch Haag und Schumacher.

Der lange Kampf um die KZ-Gedenkstätte Oberer Kuhberg

Am 29. Juni 1948 gründeten ehemalige Häftlinge der drei württembergischen Konzentrationslager auf Anregung der Vereinigung der Verfolgten des Naziregimes (VVN) in Stuttgart die KZ-Lagergemeinschaft Heuberg-Kuhberg-Welzheim. Ihr primäres Ziel war es, die NS-Täter – vor allem den Lagerkommandanten Karl Buck, der zu dieser Zeit noch in Frankreich inhaftiert war – für ihre Verbrechen in Deutschland vor Gericht zu bringen und selbst offiziell als Verfolgte des Naziregimes anerkannt zu werden. Dass die meisten Menschen die Vergangenheit jedoch viel lieber vollkommen verdrängen wollten, betonte der ehemalige Kuhberg-Häftling Karl Sauter im selben Jahr bei einer Gedenkrede für die Opfer des Faschismus im Fort Oberer Kuhberg: *„Die Ulmer aber wollen heute von diesen Dingen nichts mehr wissen, obwohl sie von 1933 bis 1935 täglich Gelegenheit gehabt hätten, die Transporte der Häftlinge durch unsere Stadt zu sehen."* (zit. nach Wenge, S. 81). Wie recht er hatte, zeigt die Nachnutzung des ehemaligen KZ: Im Reduitgebäude des Forts, in dem während der Lagerzeit die Kommandantur mit der Lagerverwaltung untergebracht war, eröffnete im November 1947 die Wirtschaft „Zum Hochsträß", in der auch getanzt werden konnte (sie stellte ihren Betrieb erst im November 1956 ein).

Die Lagergemeinschaft bewies langen Atem und ließ sich auch durch Rückschläge nicht beirren: So war es zwar nicht gelungen, Karl Buck, der nach seiner vorzeitigen Entlassung von 1955 bis zu seinem Tod unbehelligt in Rudersheim lebte, vor ein deutsches Gericht zu stellen. Aber ihr unermüdlicher Einsatz gegen das geschichtspolitische Klima des Vergessens und Verschweigens bewirkte, dass das Fort im Jahr 1960 unter Denkmalschutz gestellt und am Volkstrauertag neben dem Eingangstor der ehemaligen Kommandantur eine Gedenktafel angebracht werden konnte. Einen ersten Vorstoß zur Errichtung einer KZ-Gedenkstätte am Kuhberg unternahm die Lagergemeinschaft, nachdem dies gegen viele Widerstände 1965 in Dachau gelungen war. *„Zur Ehrung dieser Opfer des nationalsozialistischen Terrors und zur Mahnung an die gesamte deutsche Nation erachten wir es als eine selbstverständliche Pflicht, dass auch in Baden-Württemberg eine zentrale und würdige Gedenkstätte, verbunden mit einem kleinen Museum errichtet wird."* (Denkschrift der Lagergemeinschaft, zit. nach Wenge, S. 83).

Es dauerte aber noch einige Jahre und benötigte den von der 68er-Bewegung ausgelösten „Klimawandel", bis sich der Forderung der Lagergemeinschaft auch einige Ulmer

Bürgerinnen und Bürger anschlossen. Am 14. Februar 1971 konstituierte sich das „Kuratorium Mahn- und Gedenkstätte Oberer Kuhberg“. Zu den 25 Gründungsmitgliedern gehörte neben Alfred Hausser und Hans Gasparitsch auch Alfred Haag, der die Konzentrationslager Dachau und Mauthausen, den Ostfront-Einsatz als „Wehrunwürdiger“ sowie die anschließende Kriegsgefangenschaft überlebt hatte und nach seiner Rückkehr dem Internationalen Dachau-Komitee angehörte. Mit dabei waren auch Inge Aicher-Scholl, Gründerin und Leiterin der Ulmer Volkshochschule und Schwester der 1943 hingerichteten Weiße-Rose-Mitglieder Hans und Sophie Scholl, ihr Mann Otl Aicher (der Mitbegründer der Hochschule für Gestaltung Ulm entwarf später das Logo der Gedenkstätte) sowie die Ulmer und Reutlinger Oberbürgermeister.

Da ihr Vorhaben von der Landesregierung aber nicht unterstützt wurde – Ministerpräsident Hans Filbinger (CDU) war schließlich noch im Amt – wählten Lagergemeinschaft und Kuratorium nun einen völlig anderen Weg und gründeten 1977 den bis heute bestehenden Trägerverein Dokumentationszentrum Oberer Kuhberg (DZOK). Acht Jahre später konnte die Gedenkstätte Oberer Kuhberg durch bürgerschaftliches Engagement eröffnet werden.

Im Jahr 1960 angebrachte Gedenktafel am Eingang der heutigen KZ-Gedenkstätte

„Die Würde des Menschen ist unantastbar"

Die Worte „Die Würde des Menschen ist unantastbar“, mit denen Artikel 1 der Verfassung der Bundesrepublik Deutschland beginnt, sind das erste, was BesucherInnen der KZ-Gedenkstätte Oberer Kuhberg sehen. Sie signalisieren in knalliger Leuchtschrift, dass es hier nicht nur um Vergangenheit geht, wie es auf den Seiten des Dokumentationszentrums heißt.

Die Dauerausstellung informiert über Opfer und Täter, über Haftgründe und -bedingungen und gibt Auskunft über den sich wandelnden Umgang mit der Örtlichkeit und der Geschichte der Gedenkstätte selbst. Zu sehen sind auch die unterirdischen Verliese und Sonderhaftzellen, der Appellplatz und die Räume der KZ-Verwaltung. Darüber hinaus dient das Dokumentationszentrum Oberer Kuhberg mit Archiv und Bibliothek in der Ulmer Innenstadt als Forschungs-, Lern- und Bildungszentrum, als Zentrum kritischer Information zu zeithistorischen und aktuellen Themen und als Stätte zivilgesellschaftlicher Diskussion.

Der Eingangsbereich der KZ-Gedenkstätte

Auch die Arbeit der in der Lagergemeinschaft vertretenen Opfer wird detailliert dargestellt

▶ *Weitere Gedenkorte in der Nähe*

In diesem Buch führt ein weiterer Ausflug zu dem erst im Oktober 2019 eingeweihten Ulmer Erinnerungszeichen zu Zwangssterilisation und „Euthanasie" am Landgericht (→ S. 33). Daneben existieren in der Stadt eine Reihe von bekannten Gedenkorten wie etwa die „DenkStätte Weiße Rose" in der Volkshochschule am Kornhausplatz und die neue Synagoge am Weinhof. Außerhalb der Innenstadt, nahe dem Osteingang des Botanischen Gartens im Lehrer Tal, steht seit dem Jahr 2005 das bereits 1989 geschaffene Ulmer Deserteurs-Denkmal. Es ist jenen Männern gewidmet, die von der NS-Militärjustiz wegen „Fahnenflucht" oder „Wehrkraftzersetzung" zum Tode verurteilt und auf den Schießständen im Lehrer Tal hingerichtet wurden. Wenige Meter davon entfernt informieren direkt am Eingang des Botanischen Gartens seit dem Jahr 2012 drei Stelen über diese Geschehen.

Das Deserteurs-Denkmal im Lehrer Tal

Vertiefende Informationen

Dokumentationszentrum Oberer Kuhberg Ulm e.V., KZ-Gedenkstätte (dzok-ulm.de)

Adams, Myrah / Lechner, Silvester: Auf dem Weg zum Ulmer Dokumentationszentrum: Die KZ Lagergemeinschaft Heuberg-Kuhberg-Welzheim, in: DZOK-Mitteilungen Heft 30, 1998, S. 7-10

Kunter, Erich: Weltreise nach Dachau. Ein Tatsachenbericht nach den Erlebnissen des Weltreisenden und ehemaligen politischen Häftlings Max Wittmann, Bad Wildbad 1947

Wenge, Nicola: Die Etablierung des Terrors: Frühe Verfolgung der politischen Opposition in Baden und Württemberg. Geschichte und Nachgeschichte des KZ Oberer Kuhberg Ulm, in: Steinbach, Peter et al. (Hg.): Entrechtet – verfolgt – vernichtet, NS-Geschichte und Erinnerungskultur im deutschen Südwesten, Stuttgart 2016, S. 61-96

Das Stuttgarter Landgericht – wo die Guillotine für viele aktive Nazi-GegnerInnen stand (3)

Dokumentationstafel im Foyer des 1. Obergeschosses des Landgerichts

Mindestens 423 von der NS-Justiz gefällte Todesurteile wurden zwischen Oktober 1933 und August 1944 im Stuttgarter Justizgebäude vollstreckt. 402 Männer und 21 Frauen starben dort unter dem Fallbeil. Über 30 Jahre lang blieb die Forderung nach einer angemessenen Gedenkstätte erfolglos. Seit Ende Januar 2019 wird nun endlich an die im Namen des deutschen Volkes begangenen Verbrechen vor und im Landgericht Stuttgart erinnert.

423 Frauen und Männer starben unter dem Fallbeil …

Die Stuttgarter Hinrichtungsstätte gehörte zu den größeren ihrer Art und war 1937 durch das Reichsjustizministerium zur zentralen Hinrichtungsstätte im deutschen Südwesten bestimmt worden. Die 423 Frauen und Männer wurden von Schwurgerichten und Strafkammern, von Strafsenaten des Oberlandesgerichts Stuttgart, von Sondergerichten, vom Volksgerichtshof und von Militärgerichten auch im von den Nationalsozialisten besetzten Frankreich zum Tode verurteilt.

Allein das Sondergericht Stuttgart verhängte 140 Todesstrafen, von denen 122 Todesurteile in Stuttgart und (nach der Zerstörung der dortigen Hinrichtungsstätte) in Bruchsal vollstreckt wurden. Rund hundert von ihnen verantwortete Hermann Cuhorst, ab November 1934 Senatspräsident des Oberlandesgerichts Stuttgart und von Oktober 1937 bis November 1944 Vorsitzender des Sondergerichts Stuttgart. Die übrigen Todesurteile fällten seine Stellvertreter Alfred Bohn, Adolf Payer, Max Hegele, Erwin Eckert, Max Stuber und Hermann Azesdorfer.

… darunter viele aktive Nazi-GegnerInnen

Justizieller Willkürherrschaft war mit einer Reihe von Strafgesetzänderungen und neuen Rechtsverordnungen der Weg bereitet worden. So wurde am 28. Juni 1935 der Rechtsbegriff des „gesunden Volksempfindens" in das Strafgesetzbuch eingeführt. In § 2 hieß es nun: *„Bestraft wird, wer eine Tat begeht, die das Gesetz für strafbar erklärt oder die nach dem Grundgedanken eines Strafgesetzes und nach gesundem Volksempfinden Bestrafung verdient."* Und ab November 1938 konnte aufgrund einer neuen Verordnung *„die Staatsanwaltschaft Anklage vor dem Sondergericht erheben, wenn sie der Auffassung war, dass mit Rücksicht auf die Schwere oder die Verwerflichkeit der Tat oder die in der Öffentlichkeit hervorgerufene Erregung die sofortige Aburteilung durch das Sondergericht geboten ist."* Mit Beginn des Krieges kamen weitere neu geschaffene Tatbestände hinzu.

Der Schwerpunkt der über 3000 Verfahren, die das Sondergericht Stuttgart abhandelte, lag anfangs bei der Verfolgung von politischem Widerstand, worunter die Zugehörigkeit zu verbotenen Parteien und Organisationen wie auch die Verbreitung von Flugblättern fielen – die Grundrechte der Meinungs- und Informationsfreiheit waren bereits Ende Februar 1933 „zum Schutz von Volk und Vaterland" außer Kraft gesetzt worden. Als „Volksschädling" oder „gefährlicher Gewohnheitsverbrecher" verurteilte das Sondergericht später auch zahlreiche Angeklagte zum Tode, die wegen Diebstahl, Betrug oder Schwarzhandel angeklagt waren.

Zu den Menschen, die wegen Widerstands gegen die NS-Gewaltherrschaft im Lichthof des Stuttgarter Justizgebäudes ermordet wurden, gehörten allein insgesamt 19 Mitglieder der Widerstandsgruppe um Georg Lechleiter aus Mannheim, die die KPD-Untergrundzeitung „Der Vorbote" herausgaben. WiderstandskämpferInnen aus dem Elsass und aus Dijon verloren dort ebenso ihr Leben wie Georg Viktor Kunz. Dessen Urenkelin, die Dokumentarfilmerin Carmen Eckhardt, hat fast vier Jahre lang recherchiert und die Geschichte ihres Urgroßvaters aufgearbeitet. Ihr beeindruckender Film „Viktors Kopf" führt durch deutsche Amtsstuben und Gerichte, in Archive und Museen, in ein Anatomisches Institut und zum Tübinger Gräberfeld X (→ S. 115), wo Georg Viktor Kunz verscharrt wurde.

Über viele andere Menschen, die in Stuttgart hingerichtet wurden, liegen dagegen bisher kaum weiterführende Informationen vor.

Kein beteiligter Jurist wurde von einem deutschen Gericht verurteilt

Für Hermann Cuhorst (1899–1991), berüchtigt für auf dem Weg zum Sitzungssaal getätigte Aussagen wie *„na, heute haben wir nur drei Fälle, das muss mindestens 2 Köpfe geben"*, *„den dritten Fall machen wir ganz kurz fertig, das Schwein leugnet auch noch, man sollte sich überhaupt keine Arbeit mit solch einem Gesindel machen"* oder *„es geht auf zum fröhlichen Jagen"* (Zeugenaussagen, abgedruckt in: Haus der Geschichte Stuttgart, S. 169), fand sich nach dem Krieg kein Kollege, der bereit war, ihm einen Persilschein auszustellen. Ganz im

Gegenteil: Nachdem er im Nürnberger Juristenprozess 1947 wegen formaler Gründe aus Mangel an Beweisen freigesprochen worden war, schlugen die Wogen hoch. Der vehemente Ruf nach seiner Verurteilung führte zu seiner erneuten Verhaftung: Im Entnazifizierungsverfahren im Oktober 1948 stufte ihn die Spruchkammer V von Stuttgart-Bad Cannstatt auf Basis des von den Alliierten erlassenen Kontrollratsgesetzes Nr. 10 in die Gruppe der „Hauptschuldigen" ein und verurteilte ihn zu vier Jahren und drei Monaten Arbeitslager, weitgehender Vermögenseinziehung und erlegte ihm Berufsbeschränkungen auf.

Mit dem Schiedsspruch gegen Cuhorst war der Verantwortliche für die gesamte Stuttgarter NS-Justiz ausgemacht und seine ehemaligen Kollegen sicher nicht unglücklich darüber, ihm als Sündenbock die Alleinschuld anzulasten: Keiner von ihnen wurde jemals zur Rechenschaft gezogen. Wer nicht aus Altersgründen ohnehin ausschied, wurde meist wieder in den Justizdienst eingestellt und bekleidete hohe Ämter in Baden-Württemberg. Wie Alfred Bohn (1888–1966), als stellvertretender Vorsitzender des Sondergerichts verantwortlich für mindestens 15 Todesurteile, der dank vieler Persilscheine als „nicht belastet" eingestuft und wieder als Staatsanwalt tätig wurde. Wie Erwin Eckert (1897–1966), als stellvertretender Vorsitzender des Sondergerichts verantwortlich für mindestens ein Todesurteil, als Beisitzer an über 18 Todesurteilen beteiligt, der bis zum Landgerichtsdirektor aufstieg. Als Landgerichtsdirektor ging auch Adolf Payer (1896–1983) in Pension, der als stellvertretender Vorsitzender des Sondergerichts verantwortlich für mindestens sieben Todesurteile und als Beisitzer an über 18 Todesurteilen beteiligt war. Um hier nur einige wenige Beispiele anzuführen. Weder ihr meist sehr früher Eintritt in die NSDAP noch ihre stramme Linientreue zum NS-Regime – kritische Juristen wie etwa der junge sozialdemokratische Amtsrichter Fritz Bauer, am 23. März 1933 verhaftet und im KZ Heuberg (→ S. 13) inhaftiert, waren ohnehin früh aus ihren Ämtern entfernt, entrechtet und verfolgt worden – verhinderten ihre Nachkriegskarrieren in Baden-Württemberg.

Verschleppte Aufarbeitung im Land von Kiesinger und Filbinger

Es verwundert nicht sonderlich, dass im Land der Ministerpräsidenten Kurt-Georg Kiesinger – auch er Jurist und bereits im Februar 1933 in die NSDAP eingetreten – und des ehemaligen Marinerichters Hans Filbinger („Was damals Rechtens war, kann heute nicht Unrecht sein!"), dem auch sein Nachfolger Günther Oettinger noch 2007 bescheinigte, sich lediglich den damaligen Zwängen gebeugt zu haben, eine Aufarbeitung der NS-Justiz zunächst verhindert und danach lange verschleppt wurde. Alle Versuche, durch Strafanzeigen Prozesse gegen ehemalige Sonderrichter zu erzwingen, scheiterten. 1960 stellte Ministerpräsident Kiesinger klar, dass weder die Mitgliedschaft beim Volksgerichtshof oder bei Sondergerichten noch die Mitwirkung an Todesurteilen Anlass zu strafrechtlichen Ermittlungen oder dienstrechtlichen Maßnahmen gegen Richter und Beamte geben dürfe.

Es bedurfte jahrzehntelanger Bemühungen, die Justiz des Landes zur Aufarbeitung ihrer Vergangenheit zu bewegen. Der Verwaltungsrichter Fritz Endemann, der seit Ende der 1980er-Jahre die Errichtung eines Gedenkorts „als Erinnerung an die Opfer und als Mahnung an uns Richter, uns auch unter veränderten Umständen nicht mehr verstricken zu lassen in Unmenschlichkeit und Unrecht" gefordert hatte, stieß mit diesem immer wieder vorgebrachten Anliegen auf wenig Gehör.

Gedenkstelen vor dem Landgericht und Ausstellung „NS-Justiz in Stuttgart"

Im Jahr 1994 wurde schließlich links von der Treppe zum Vorplatz des Landgerichts eine unauffällige Inschrift in die Mauer eingelassen: „Den Opfern der Justiz im Nationalsozialismus zum Gedenken – Hunderte wurden hier im Innenhof hingerichtet – Den Lebenden zur Mahnung." Sehr unauffällig, leicht zu übersehen und inhaltlich wenig aussagekräftig.

Aber Endemann und seine MitstreiterInnen bewiesen – allen Widerständen zum Trotz – langen Atem und waren am Ende erfolgreich. Ende Januar 2019 wurde die Gedenkstätte für die Frauen und Männer, die den furchtbaren Stuttgarter Juristen zum Opfer gefallen sind, vor dem Landgericht eingeweiht. Auf dem Platz vor dem Eingang in der Urbanstraße stehen drei Stelen, auf denen die Namen all jener Frauen und Männer gelistet sind, die dort hingerichtet wurden.

Daneben realisierte das Haus der Geschichte Baden-Württemberg als Gemeinschaftsprojekt mit dem Oberlandesgericht und dem Landgericht Stuttgart die Dauerausstellung „NS-Justiz in Stuttgart". Das Foyer des 1. Obergeschosses des Landgerichts ist der Geschichte des im September 1944 zerstörten Justizgebäudes und der Entrechtung, Vertreibung und Verfolgung jüdischer JuristInnen im Landgerichtsbezirk Stuttgart gewidmet. An den Wänden vor den Sitzungssälen 153 bis 156 wird anhand von Beispielen in Stuttgart praktizierte nationalsozialistische Strafjustiz dokumentiert. Biografien von Richtern und Staatsanwälten, die an Todesurteilen mitgewirkt haben, werden dort vorgestellt, oft auch ihre jeweiligen fadenscheinigen Rechtfertigungen vor den Spruchkammern, mit denen sie sich reinzuwaschen versuchten.

Gedenkstätte für die Frauen und Männer, die den furchtbaren Stuttgarter Juristen zum Opfer gefallen sind

Informationstafeln zu den NS-Juristen vor den Sitzungssälen

► *Weitere Gedenkorte in der Nähe*

In diesem Buch führen weitere Ausflüge zur Stuttgarter Gedenkstätte für die junge Widerstandskämpferin Lilo Herrmann (→ S. 41) und zur Gedenkstätte „Zeichen der Erinnerung“ am ehemaligen Stuttgarter Deportationsbahnhof (→ S. 109). Von den vielen NS-Gedenkorten, die es darüberhinaus in der Stadt gibt, widmet sich das Hotel Silber, die einstige Zentrale der Gestapo für Württemberg und Hohenzollern, als Museum und Lernort den Themen Täter und ihre Opfer, der Institution Polizei und ihrer Rolle in den politischen Systemen mehrerer Jahrzehnte: www.geschichtsort-hotel-silber.de

Vertiefende Informationen

Haus der Geschichte Stuttgart (Hg.): NS-Justiz in Stuttgart – Katalog zur Dauerausstellung des Hauses der Geschichte Baden-Württemberg im Landgericht Stuttgart, Stuttgart 2019

Haus der Geschichte Stuttgart: Ausstellung „NS-Justiz in Stuttgart“ (www.hdgbw.de/ausstellungen/ns-justiz)

Müller, Sabrina: Kurze Prozesse und Unrechtsurteile (www.staatsanzeiger.de/momente/leseproben-momente/leseprobe-momente-42017)

Die Gedenkstätte für jüdische Flüchtlinge im schweizerischen Riehen (4)

Die im früheren Weichenwärterhaus untergebrachte Gedenkstätte

In der kleinen Schweizer Gemeinde Riehen im Dreiländereck bei Basel befindet sich seit dem Jahr 2011 die Gedenkstätte für jüdische Flüchtlinge. Ganz nah an der Grenze, an der während des NS-Regimes so viele Fluchtversuche dramatisch scheiterten, widmet sich die Gedenkstätte nicht nur jenen, die das Glück hatten, in der Schweiz Aufnahme zu finden. Erinnert wird hier auch an alle, denen die Schweiz den rettenden Einlass verweigerte: an die Opfer einer rigiden und rassistischen Flüchtlingspolitik.

Nicht Emigration oder Auswanderung – sondern Vertreibung

Zwischen 1933 und 1941 haben schätzungsweise zwischen 257.000 und 273.000 Jüdinnen und Juden Deutschland verlassen. Sie flohen wegen der terroristischen Begleiterscheinungen der Machtübergabe an das NS-Regime, der Nürnberger Rassengesetze vom September 1935 und der nachfolgenden Verordnungen, mit denen sie zu Staatsangehörigen minderen Rechts gemacht, stetig weiter entrechtet und nahezu jeder Einkommensmöglichkeit beraubt wurden. Sie flohen nach den Novemberpogromen 1938, der damit verbundenen Inhaftierung jüdischer Männer in Konzentrationslagern und den Oktoberdeportationen von 1940 in das südfranzösische Internierungslager Gurs, nach denen Baden und Saarpfalz von ihren NS-Gauleitern stolz als „judenrein“ proklamiert wurden.

Zu den vielfältigen ökonomischen und behördlichen Schwierigkeiten und den beträchtlichen politischen Hindernissen, die einer Ausreise entgegenstanden, schreibt Wolfgang Benz: „*Bis 1939 forcierte und bremste der NS-Staat gleichermaßen die Auswanderung der deutschen Juden. Die Verdrängung aus der Wirtschaft förderte den Emigrationswillen, aber die Ausplünderung durch Vermögenskonfiskation und ruinöse Abgaben hemmte die Auswanderungsmöglichkeiten. Kein Immigrationsland ist an verarmten Einwanderern interessiert, und eine Heimtücke des Regimes bestand darin, dass es den Antisemitismus zu exportieren hoffte, wenn die aus Deutschland vertriebenen Juden zum sozialen Problem in den Aufnahmeländern würden.*" (Benz, S. 24).

Schweizer Abweisungspolitik: Gegen „Überfremdung" und „Verjudung"

Etwa 30.000 jüdischen Frauen, Männern und Kindern, so schätzt man heute, soll die Flucht in beziehungsweise über die Schweiz gelungen sein. Aber etwa ebenso viele Verfolgte sollen an der Schweizer Grenze abgewiesen worden sein, was für die meisten von ihnen Deportation und Tod bedeutete.

Da die Schweiz vielen als das klassische Asylland galt, in dem Flüchtlinge auf Schutz und Humanität hoffen durften, war sie ab 1933 das begehrte / ersehnte Fluchtziel vieler Jüdinnen und Juden. Sie wurden jedoch bitter enttäuscht, denn den rassisch Verfolgten war bereits im April 1933 per Gesetz der Status als politische Flüchtlinge abgesprochen worden, womit sie nicht darauf hoffen konnten, Asyl zu erhalten. Die Schweiz könne nur ein Transitland sein, lautete die Anordnung.

Diese Abweisungspolitik bringt der Schweizer Journalist und Historiker Stefan Keller in seinem Beitrag in dem von Benz et al. herausgegebenen Buch auf den Punkt: „*Immer dann, wenn im Deutschen Reich oder in den besetzten Ländern neue antisemitische Maßnahmen ergriffen wurden, wenn die Verfolgung zunahm und sich Menschen davor zu retten versuchten, verschärfte die Schweiz ihre Asylbestimmungen.*" (Keller, S. 39)

Dazu gehörte nach dem „Anschluss" im März 1938 die Visumspflicht für Flüchtlinge aus dem ehemaligen Österreich, verbunden mit dem ausdrücklichen Hinweis, grundsätzlich keine Visa für Jüdinnen und Juden auszustellen. Dazu gehörten auch die bilateralen Verhandlungen, an deren Ende sich im Herbst desselben Jahres das NS-Regime verpflichtete, Reisepässe mit dem „Juden-Stempel" zu kennzeichnen, um der Schweiz eine gezielte Abweisung zu ermöglichen. Als Kampf gegen „Überfremdung" und „Verjudung" der Schweiz charakterisierte Heinrich Rothmund, Chef der Fremdenpolizei und einer der Hauptverantwortlichen für die Umsetzung der Flüchtlingspolitik des Bundesrates, diese Politik in einem Brief vom 27. Januar 1939 an den Schweizer Botschafter in Den Haag, Arthur de Pury.

So konstatierte dann auch die 1996 gebildete „Bergier-Kommission", die die Geschichte der Schweiz vor, während und unmittelbar nach dem Zweiten Weltkrieg umfassend aufzuarbeiten hatte: „*Die Absicht, die Einwanderung von Juden mit allen Mitteln zu verhindern, bestimmte die Motive der schweizerischen Entscheidungsträger.*"

Die Gedenkstätte

Nach Riehen, eine der beiden rechtsrheinisch gelegenen Landgemeinden des für eine vergleichsweise liberale Flüchtlingspolitik bekannten Kantons Basel-Stadt, kamen fast täglich Flüchtlinge. Wem es aber nicht gelang, weiter ins Landesinnere zu kommen und Kontakt zu einer der Hilfsorganisationen aufzunehmen, wurde direkt zurückgewiesen.

Der neue Anbau der Gedenkstätte bietet weitere Ausstellungsfläche

Im Hof werden auch Schweizer Frauen und Männer gewürdigt, die in ganz besonderem Maße Zivilcourage zeigten

An diesem Ort dramatischer Flüchtlingsschicksale befindet sich seit dem Jahr 2011 die privat betriebene und täglich geöffnete Gedenkstätte. Sie ist im ehemaligen Riehener Weichenwärterhaus untergebracht, das wie der gesamte Schienenstrang der – hier auf Schweizer Territorium verlaufenden – badischen Wiesentalbahn früher der Deutschen Reichsbahn gehörte. Die Dauerausstellung bietet Hintergrundinformationen zur Flüchtlingspolitik der Schweiz, Berichte von ZeitzeugInnen und die Darstellung der besonderen Situation Riehens als Ort an der Grenze. Gedenken und Erinnern sollen, so der Initiator der Gedenkstätte Johannes Czwalina, an diesem Ort dazu beitragen, den vielen Menschen eine späte Würdigung zu verschaffen, die durch Zurückweisung zu Opfern wurden. Neben der Dauerausstellung bietet die Gedenkstätte, im Jahr 2015 um einen modernen Anbau erweitert, Raum für Wechselausstellungen und Fachvorträge. Im Außenbereich erinnern Gedenktafeln an Schweizer Frauen und Männer, die in ganz besonderem Maße Zivilcourage zeigten. Zu ihnen gehören die Diplomaten Carl Lutz und Ernest Prodolliet, die Leiterin des Schweizerischen Arbeiterhilfswerk Regina Kaegi, das Ehepaar Recha und Isaak Sternbuch (die unter anderem großen Anteil an der Freilassung von 1200 jüdischen Häftlingen aus Theresienstadt hatten) und der St. Galler Polizeikommandant Paul Grüninger (→ S. 53).

Vertiefende Informationen

Benz, Wolfgang: Verfolgung, Vertreibung, Flucht – Über die Schwierigkeiten, dem Nationalsozialismus zu entkommen, in: Benz, Wolfgang / Czwalina, Johannes / Shambicca, Dan (Hg.): „Nie geht es nur um Vergangenheit" – Schicksale und Begegnungen im Dreiland 1933–1945, Weilerswist-Metternich 2018

„Bergier-Kommission", Band 17: Die Schweiz und die Flüchtlinge zur Zeit des Nationalsozialismus (www.akdh.ch/ps/uek.pdf)

Gedenkstätte Riehen (www.gedenkstaetteriehen.ch)

Keller, Stefan: Die Schweizer Ausweisungspolitik, in: Benz, Wolfgang / Czwalina, Johannes / Shambicca, Dan (Hg.): „Nie geht es nur um Vergangenheit" – Schicksale und Begegnungen im Dreiland 1933 –1945, Weilerswist-Metternich 2018, S. 39-41

Seiler, Lukrezia / Wacker, Jean-Claude: „Fast täglich kamen Flüchtlinge": Riehen und Bettingen – zwei Grenzdörfer 1933–1948, Basel, 4. Auflage 2013

Wette, Wolfram (Hg.): Stille Helden, Judenretter im Dreiländereck während des Zweiten Weltkriegs, Freiburg 2005

Das Ulmer Erinnerungszeichen zu Zwangssterilisation und „Euthanasie" (5)

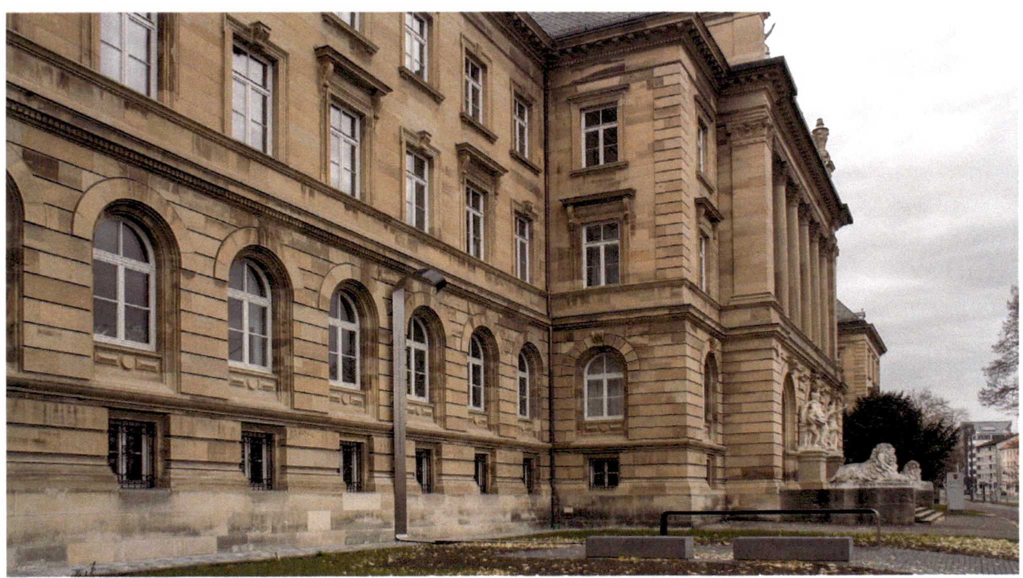

Das Erinnerungszeichen am Ulmer Landgericht

Fast 400.000 Menschen wurden Opfer der NS-Zwangssterilisationen, 1155 von ihnen stammten aus Ulm und Umgebung. Seit Oktober 2019 erinnert dort vor dem Landgericht, dem Standort des ehemaligen Erbgesundheitsgerichts, eine Gedenkstätte an Zwangssterilisierte und die Opfer der „Euthanasie"-Morde. Die Initiative für das Erinnerungszeichen kam aus der Ulmer Bürgerschaft.

Fast 400.000 Menschen wurden Opfer der NS-Zwangssterilisationen

Kranke und behinderte Menschen, oder wen die Nazis dafür hielten, gehörten zu den ersten Opfern im Nationalsozialismus. Die Umsetzung der „Rassenhygiene" zum Schutz des „gesunden Volkskörpers" begann unverzüglich nach ihrer Machtübernahme. Das „Gesetz zur Verhütung erbkranken Nachwuchses" wurde am 14. Juli 1933 beschlossen und trat am 1. Januar 1934 in Kraft. Für seine Umsetzung waren die Innenministerien zuständig, wobei die staatlichen Gesundheitsämter auf kommunaler und regionaler Ebene eine entscheidende Rolle spielten.

Die Sterilisationskampagne wurde von einer breit angelegten Propagandaaktion begleitet, die die ungemein große Belastung der gesunden arbeitenden Menschen durch die unproduktiven Erbkranken (auch als unnütze Esser oder Ballastexistenzen bezeichnet) zum Ausdruck bringen sollte. In der Folge wurden fast 400.000 Menschen, davon mehr als 20.000 Frauen und Männer in Baden und Württemberg, gegen ihren Willen unfruchtbar gemacht. Im Rahmen dieser Zwangsmaßnahmen kamen schätzungsweise zwischen 5000 und 6000 Menschen – davon 90 Prozent Frauen – zu Tode.

Nach derzeitigem Forschungsstand wurden von Januar 1934 bis zum Ende des Nazi-Regimes im Amtsgerichtsbezirk Ulm nach vorherigem Urteil des Ulmer Erbgesundheitsgerichts 1155 Männer und Frauen zwangssterilisiert. Die Urteile fällten Ulmer Juristen und Ärzte, durchgeführt wurden die Eingriffe überwiegend im städtischen Krankenhaus. Und mindestens 170 Menschen aus Ulm wurden im Rahmen der „Euthanasie"-Aktionen ermordet. (Zum umfassenden NS-Programm zur „Reinigung des Volkskörpers", das als „Gnadentod" [Euthanasie] bezeichnet wurde, siehe „T4-Tötungsanstalt Schloss Grafeneck" → S. 69).

Ulm setzt ein deutliches Zeichen – mitten in der Stadt

Seit Oktober 2019 werden hier im öffentlichen Raum auch wichtige Hintergrundinformationen vermittelt

Bereits im Jahr 2015, 75 Jahre nach dem Beginn der „Euthanasie"-Morde, hatte sich in Ulm ein Initiativkreis aus VertreterInnen der Behindertenstiftung Tannenhof, der Stolpersteininitiative, der Kirchen und des Dokumentationszentrums Oberer Kuhberg gegründet, der ein Mahnmal für die Ulmer Opfer errichten wollte. Auch die Stadt Ulm, das Landgericht Ulm und das Land Baden-Württemberg stellten sich in die gemeinsame Verantwortung und beteiligten sich ideell und finanziell. So konnte nach vier Jahren gemeinsamer Arbeit das Ulmer Erinnerungszeichen zu Zwangssterilisation und „Euthanasie" am 27. Oktober 2019 eingeweiht werden. Es steht in der Olgastraße vor dem Ulmer Landgericht, in dem während der NS-Zeit das Erbgesundheitsgericht tagte, und vis-à-vis des ehemaligen staatlichen Gesundheitsamts in der Karl-Schefold-Straße 5, das die Erfassung, Verfolgung und Vernichtung im Zusammenspiel mit den Reichs- und Landesinstanzen koordinierte.

Am Ort der Täter verbindet die moderne Skulptur Opfergedenken mit umfassenden Tatinformationen: Das Metallband, das sich von der Fassade des Landgerichts löst, läuft auf den Platz für

Gedenken und Information zu, wo die BesucherInnen mehr erfahren über die Hintergründe der Verbrechen und über die Opfer. Menschen wie den 1903 in Urach geborenen Otto Pröllochs, der nach seiner Banklehre in Ulm 1927 psychisch erkrankte, 1934 während eines Aufenthaltes in der Heilanstalt Schussenried zwangssterilisiert und 1940 in der Tötungsanstalt Grafeneck ermordet wurde.

Im Rahmen der Einweihung des Erinnerungszeichens gab es eine Reihe von Veranstaltungen, bei denen auch Angehörige von Opfern zu Wort kamen. *„Das ist wichtig"*, so die wissenschaftliche Leiterin des Dokumentationszentrums Oberer Kuhberg, Nicola Wenge, *„denn noch immer ist es nicht selbstverständlich, die Verfolgten öffentlich beim Namen zu nennen oder über ihre Lebensgeschichte zu sprechen, weil die Scham über die Krankheit und die damit verbundene Stigmatisierung sowie die Hilflosigkeit der Familie gegenüber den Verbrechen noch nachwirken. Ein zentrales Ziel des Erinnerungsprojekts ist es, dieser nachwirkenden Diskriminierung der Opfer mit einer offenen und respektvollen Erinnerungskultur zu begegnen. Einer Erinnerungskultur, die zugleich Bezüge zur Gegenwart herstellt, denn die Auseinandersetzung mit der Geschichte eröffnet einen Reflexionsraum über unseren heutigen Umgang mit Krankheiten und Behinderungen."* (DZOK-Mitteilungen, S. 7).

▶ *Weitere Gedenkorte in der Nähe*

In diesem Buch führt ein weiterer Ausflug zum KZ Oberer Kuhberg in Ulm (→ S. 17). Dort wird auch auf das Ulmer Deserteurs-Denkmal im Lehrer Tal hingewiesen, das jenen Männern gewidmet ist, die von der NS-Militärjustiz wegen „Fahnenflucht" oder „Wehrkraftzersetzung" zum Tode verurteilt und in den nahe gelegenen Schießständen hingerichtet wurden.

Vertiefende Informationen

Mitteilungen des Dokumentationszentrums Oberer Kuhberg: NS-Zwangssterilisation und „Euthanasie"-Morde, Heft 70 / Juni 2019 (https://dzok-ulm.de/wp-content/uploads/2021/02/Mitt70.pdf)

Der Riedheimer Gedenkstein für den Singener Reichstagsabgeordneten Max Maddalena (6)

Das Gedenken an den von der NS-Justiz zu lebenslänglicher Zuchthaushaft verurteilten und dort schrittweise ermordeten Gewerkschafter und Reichstagsabgeordneten Max Maddalena wird nicht nur vor dem Berliner Reichstag wachgehalten. Seit dem Jahr 2009 erinnert auch seine Heimatgemeinde Hilzingen-Riedheim mit einer Gedenkstätte an ihn.

Wenn Gewerkschaftsarbeit zum Hochverrat wird …

Schon als Lehrling bei den Singener Fittingwerken Georg Fischer AG trat Max Maddalena (1895–1943) dem Deutschen Metallarbeiterverband DMV bei. Ab 1913 war er Mitglied der Sozialdemokratischen Partei, nach dem Ersten Weltkrieg – an dem er als Freiwilliger teilnahm, mehrfach schwer verletzt und hochdekoriert wurde – zunächst Mitglied der USPD, dann der Kommunistischen Partei Deutschlands. Sein politisches Aufgabengebiet war und blieb die Gewerkschaftsarbeit: als Betriebsratsvorsitzender in den Aluminiumwalzwerken, als Bevollmächtigter des DMV für das Gebiet Singen-Konstanz und als Streikführer in den Metallbetrieben der Region. Seine steile politische Karriere als Arbeiterführer und Gewerkschaftsfunktionär führte ihn nach der Übernahme von Aufgaben in Stuttgart und Hamburg in den Berliner Reichstag, dem er ab Mai 1928 als Abgeordneter der KPD angehörte. Aber immer, wenn er seine Familie in Singen besuchte, so berichtet Käte Weick in ihren Erinnerungen, wurde dort zu einer öffentlichen Versammlung mit Max Maddalena als Redner eingeladen. So hielt er auch auf der Kundgebung zum 1. Mai 1930 in Singen vor etwa 10.000 TeilnehmerInnen die Hauptrede.

Im Juni 1932 wurde Max Maddalena nach Moskau zur Revolutionären Gewerkschaftsinternationale (RGI) entsandt, wo er als Referent für die Gewerkschaftsbewegungen tätig war. So entging er – im Gegensatz zu den allermeisten Mitgliedern der KPD-Reichstagsfraktion – der Verhaftungswelle, mit der die Nationalsozialisten bereits im März 1933 jegliche Opposition ausschalteten. Zwei Jahre später wurde auch Max Maddalena verhaftet. Mit dem Auftrag des Politbüros der KPD, eine neue, nun illegale, Landesleitung der Partei zu bilden, war er mit zwei weiteren Genossen Mitte März 1935 nach Berlin gekommen und wenige Tage später von der Gestapo verhaftet worden. Fortwährenden Verhören und Folterungen ausgesetzt, schrieb er vor seinem Prozess in einem Brief an seine Mutter und Freunde in Singen: *„Ich werde* [...] *das Urteil als Mann ertragen in dem Bewusstsein, dass all mein Streben ja nur darauf gerichtet war, den schaffenden Menschen und vor allem der deutschen Arbeiterschaft zu helfen, ihre Lage zu verbessern. Dieses Bewusstsein – nicht aus Egoismus oder Ehrgeiz – fünfundzwanzig Jahre in der Arbeiterbewegung gestanden und mich eingesetzt zu haben für das Wohl des schaffenden Volkes, gibt mir die Kraft dazu.“* (Geschichtswerkstatt Singen, S. 58)

Einen Monat später verurteilte ihn der NS-Volksgerichtshof am 4. Juni 1937 nach dreitägiger Verhandlung – von der seine Anwälte ausgeschlossen wurden – wegen „Vorbereitung zum Hochverrat unter erschwerenden Umständen“ zu lebenslänglicher Haft. Zu verbüßen im berüchtigten Zuchthaus Brandenburg-Görden. Dort waren überwiegend politische Gefangene, auch viele kommunistische Funktionäre, unter barbarischen Bedingungen inhaftiert. Mangelernährung, harte Arbeit, Misshandlungen und unterlassene medizinische Behandlung führten am 22. Oktober 1943 zu Max Maddalenas Tod.

... und Gedenken daran schwer errungen werden muss

Nach dem Ende des Nazi-Regimes wurden in Singen auf Veranlassung des damaligen französischen Besatzungskommandanten einige Straßen nach Opfern der NS-Gewaltherrschaft benannt. So hieß die Harsenstraße in der Nordstadt – vor 1933 das „rote Viertel“ Singens, in der neben ihm auch viele andere AntifaschistInnen wohnten – ab 1947 Max-Maddalena-Straße. Aber nur bis zum Jahr 1959, als Josef Schüttler (CDU), später Arbeitsminister von Baden-Württemberg im Kabinett Kurt-Georg Kiesingers, die erneute Umbenennung im Singener Gemeinderat durchsetzte. Maddalena war schließlich Kommunist. So erinnerte an den von den Nazis ermordeten demokratisch gewählten Reichstagsabgeordneten jahrzehntelang lediglich der im Mai 1950 aufgestellte Gedenkstein auf dem Singener Waldfriedhof: Der Granitblock aus dem Hochschwarzwald trägt die Namen der damals bekannten Singener Opfer des Faschismus.

In Singen wurde noch im Jahr 2006 heftig darüber gestritten, ob nochmals eine Straße nach ihm benannt werden solle. Da ehrte bereits seit vierzehn Jahren eine Gedenkstätte vor dem Berliner Reichstag Max Maddalena als einen der 96 von den Nationalsozialisten ermordeten Reichstagsabgeordneten. „Zeit für ideologischen Frieden“ titelte damals das „Singener Wochenblatt“ und zeigte auf, wie sich an ihm, dem kommunistischen Gewerkschafter, im Hegau noch immer die Geister schieden.

An der Riedheimer Gedenkstätte wird darüber informiert, warum Max Maddalena zu einem der vielen Opfer der Nazis wurde

Als drei Jahre später in seiner Heimatgemeinde Hilzingen-Riedheim der Gedenkstein für ihn aufgestellt wurde, war der ideologische Friede bereits eingezogen. Die Ortschaftsräte hatten sich einmütig für die Gedenkstätte ausgesprochen und konzidierten, dass Maddalena als demokratisch gewählter Abgeordneter sicher ein hohes Maß an Zustimmung in der Bevölkerung genossen habe – immerhin hatte die KPD in der Weimarer Republik bei Wahlen bis zu 30 Prozent aller Stimmen erlangt.

Vertiefende Informationen

Geschichtswerkstatt Singen: „Seid letztmals gegrüßt" – Biografische Skizzen und Materialien zu den Opfern des Nationalsozialismus in Singen, Singen 2005

Weick, Käte: Widerstand und Verfolgung in Singen und Umgebung, Stuttgart 1982

Die Stuttgarter Gedenkstätte für Lilo Herrmann (7)

An ihrem 50. Todestag aufgestellt: der Gedenkstein für Lilo Herrmann

Liselotte (Lilo) Herrmann war die erste Frau, die im NS-Staat als Widerstandskämpferin hingerichtet wurde. Die junge Antifaschistin war verraten, verhaftet und 1937 in Stuttgart wegen „Landesverrats und Vorbereitung zum Hochverrat" zum Tode verurteilt worden. Im Alter von nur 28 Jahren wurde Lilo Herrmann am 20. Juni 1938 in Berlin-Plötzensee umgebracht. Eine internationale Solidaritätskampagne zur Rettung der jungen Mutter war erfolglos geblieben.

Lilo Herrmann – kein Vorbild für Studierende?

Wäre Lilo Herrmann nicht Kommunistin gewesen, würde ihr Name wohl heute genauso bekannt sein wie jener von Sophie Scholl. Straßen, Wege und Plätze wären nach ihr benannt, die Arbeit der Studentin im illegalen Widerstand gegen das NS-Regime würde im Schulunterricht thematisiert, und die Universität Stuttgart wäre stolz darauf, Lilo Herrmann zu ihren ehemaligen Studentinnen zählen zu dürfen. Da sie aber Kommunistin war, verweigerte die Universität jegliche Ehrung der jungen Frau: Wegen ihrer Überzeugung könne sie kein Vorbild für Studierende sein, befand eine Kommission. Der kleine Gedenkstein für Lilo Herrmann durfte daher 1988 nur auf städtischem Grund – nicht aber auf dem Universitätsgelände – errichtet werden.

Lilo Herrmann wurde am 23. Juni 1909 in Berlin geboren. Aufgrund mehrerer durch die Ingenieurstätigkeit ihres Vaters bedingter Umzüge besuchte sie in Siegen, Frankfurt und Berlin die Schule. Sie begann früh, sich politisch zu engagieren und wurde Mitglied des Sozialistischen Schülerbundes. Im Wintersemester 1929/30 nahm sie in Stuttgart ihr Chemiestudium auf, schloss sich dort der Roten Studentengruppe an, wurde Mitglied im Kommunistischen Jugendverband und trat noch während ihrer Studienzeit in Stuttgart der Kommunistischen Partei Deutschlands (KPD) bei.

1931 zog Lilo nach Berlin und studierte nun an der Friedrich-Wilhelm-Universität Biologie. Nach dem Machtantritt der Nazis und dem Verbot aller Parteien außer der NSDAP wurde sie im Juli 1933 wegen „kommunistischer Tätigkeiten" vom weiteren Studium ausgeschlossen: Sie hatte als eine von 110 Studierenden einen Aufruf zur Verteidigung demokratischer Rechte und Freiheiten an der Berliner Universität unterschrieben. Das Studierverbot galt für alle deutschen Universitäten.

Zusammen mit ihrem kurz zuvor geborenen Sohn Walter – erst 1991 wurde bekannt, dass sein Vater Fritz Rau war, ein Stuttgarter KPD-Funktionär, der im Dezember 1933 im Gefängnis Berlin-Moabit totgeschlagen worden war – zog Lilo Herrmann im September 1934 wieder zu ihren Eltern nach Stuttgart. Dort nahm sie Kontakt zur im Untergrund agierenden illegalen KPD auf, arbeitete ab Ende 1934 eng mit Stefan Lovász, dem Leiter der KPD in Württemberg, zusammen und sammelte für den geheimen Nachrichtenapparat der KPD Informationen über die illegale Aufrüstung Nazi-Deutschlands. Von Artur Göritz erhielt sie Informationen über die Produktion von Rüstungsgütern, unter anderem in den Dornier-Flugzeugwerken in Friedrichshafen, und leitete das Material in die Schweiz weiter, um es international publik zu machen.

In den frühen Morgenstunden des 7. Dezember 1935 wurde Lilo Herrmann im Haus ihrer Eltern festgenommen. Bei ihr fand sich der Lageplan einer Munitionsfabrik, was den Nazis, zusammen mit Informationen eines Spitzels, zur Anklage genügte. Am 12. Juni 1937 verurteilte der in Stuttgart tagende 2. Senat des Volksgerichtshofs, unter dem Vorsitz von Senatspräsident und SS-Oberführer Karl Engert, Lilo Herrmann und die ebenfalls angeklagten Stefan Lovász, Josef Steidle und Artur Göritz wegen „Landesverrats und Vorbereitung zum Hochverrat" zum Tode. Danach wurde Lilo in das Berliner Frauengefängnis in der Barnimstraße verlegt. Nachdem die Nachricht von dem Todesurteil gegen die junge Mutter an die Öffentlichkeit gelangt war, empörten sich viele Menschen auch aus bürgerlichen, sozialistischen und christlichen Kreisen und eine internationale Kampagne zur Rettung von Lilo Herrmann wurde gestartet.

Die Lilo-Herrmann-Bewegung 1937/1938

Käte Weick widmet in ihrem Buch „Widerstand und Verfolgung in Singen und Umgebung" Lilo Herrmann ein ganzes Kapitel. Darin berichtet die Zeitzeugin Suse Kuderer, die noch in die Schweiz hatte flüchten können, über die beispiellose Solidaritätskampagne zur Rettung der zum Tode Verurteilten: *„Die Lilo-Herrmann-Bewegung 1937/1938 muß man sich ungefähr wie die Angela-Davis-Kampagne vorstellen.* [...] *Es war das erste Mal, daß die Hitlerclique offiziell eine junge Mutter aus politischen Gründen zum Tode verurteilt hatte, und die zivilisierte Welt antwortete mit einem Aufschrei der Empörung. Linke und liberale Zei-*

tungen forderten immer wieder: ‚Rettet Lilo Herrmann! Dieser geplante Mord darf nicht ausgeführt werden!'" (Weick, S. 133)

Die Internationale Rote Hilfe organisierte eine europaweite Kampagne. Komitees zur Rettung der Verurteilten bildeten sich in Belgien, Großbritannien, Frankreich, den Niederlanden, Norwegen, der Tschechoslowakei, Schweden und der Schweiz. Waschkörbe voller Grußkarten aus aller Welt wurden an Lilo Herrmann adressiert. Die deutschen Konsulate im Ausland wurden angerufen und angeschrieben. In Paris gab die Commission d'amnestie die umfangreiche Broschüre „Eine deutsche Mutter in der Todeszelle" heraus. In einem Bericht der Gestapo an den Reichsminister für Justiz vom März 1938 hieß es dazu: *„Die Protestschreiben häufen sich seit Monaten zu Bergen. Delegationen belästigen Behörden und Parteidienststellen, um nach Rückkehr in das Heimatland verlogene Berichte zu veröffentlichen."*

Trotz aller Bemühungen blieb die internationale Solidaritätskampagne erfolglos: Am 20. Juni 1938 wurden Lilo Herrmann, Josef Steidle, Stefan Lovász und Artur Göritz in Berlin-Plötzensee hingerichtet. Ein Grab, an dem ihrer gedacht werden kann, existiert nicht: Die Leichen wurden der Berliner Charité zu Forschungszwecken übergeben.

Stuttgart tat sich lange schwer mit dem Gedenken an Lilo Herrmann

Das Schicksal der im Stuttgarter Widerstand arbeitenden Lilo Herrmann, die der Überzeugung war, dass der Nationalsozialismus besiegt werden könne, wurde in der Heimat nahezu vergessen. Ganz im Gegensatz zur DDR, wo sie als Heldin des antifaschistischen Widerstands galt. So schrieb Friedrich Wolf 1950 ein biographisches

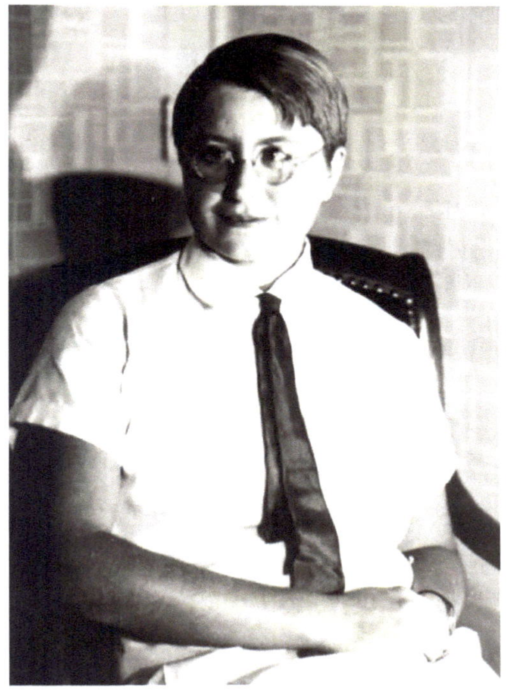

Lilo Herrmann

Flugschrift der Commission d'amnestie Paris zur Rettung Lilo Herrmanns

Poem über „Lilo Herrmann. Die Studentin von Stuttgart". Zwei Jahre später wurde es als „Melodram" von Paul Dessau auch vertont. Und Stephan Hermlin nahm sie in seinem 1951 veröffentlichten Buch „Die erste Reihe" in seine Porträts von AntifaschistInnen auf. Zudem wurden Straßen, Plätze und Institute wie die Pädagogische Hochschule im mecklenburgischen Güstrow nach ihr benannt.

In Stuttgart begann dagegen erst in den 1970er- und 1980er-Jahren eine öffentliche Debatte um das Gedenken an sie. 1987 lehnte die Universität Stuttgart die vom Stadtjugendring, der Vereinigung der Verfolgten des Naziregimes – Bund der Antifaschistinnen und Antifaschisten (VVN-BdA), dem Personalrat der Universität und der Studierendenvertretung vorgebrachte Forderung nach einer Gedenkstätte für Lilo Herrmann zum wiederholten Male ab. Daraufhin errichtete der Stadtjugendring selbst am 20. Juni 1988, Lilo Herrmanns 50. Todestag, einen Gedenkstein – ganz nah an der Uni, aber doch auf städtischem Grund. Die Rathausspitze um den damaligen Oberbürgermeister Manfred Rommel stand hinter dieser Aktion und duldete die Aufstellung des Gedenksteins.

Mittlerweile wird auch an einigen anderen Orten in Stuttgart die Erinnerung an Lilo Herrmann wachgehalten. So wurde 2008 vor dem ehemaligen Wohnhaus von Lilos Eltern in der Hölderlinstraße 22 ein Stolperstein für sie verlegt. Und dem Linken Zentrum in Stuttgart-Heslach dient Lilo Herrmann als Namenspatronin. Warum die Wahl auf sie fiel, ist auf der Homepage des Zentrums nachzulesen: „*Lilo Herrmann war eine von denen, die hier vor uns für eine gerechte Welt gekämpft haben. Mit der Namensgebung wollen wir das Gedenken an sie und stellvertretend auch an alle anderen aufrecht erhalten, die im Widerstand gegen Krieg und Faschismus ihr Leben ließen.*"

▶ *Weitere Gedenkorte in der Nähe*

In diesem Buch führen weitere Ausflüge zur Stuttgarter Gedenkstätte für jene mindestens 423 Menschen, die zwischen Oktober 1933 und August 1944 im Innenhof des Justizgebäudes unter dem Fallbeil starben (→ S. 23), und zur Gedenkstätte „Zeichen der Erinnerung" am ehemaligen Stuttgarter Deportationsbahnhof (→ S. 109).

Vertiefende Informationen

Biografie Lilo Herrmann der Gedenkstätte Deutscher Widerstand (www.gdw-berlin.de/vertiefung/biografien/personenverzeichnis/biografie/view-bio/liselotte-herrmann)

Hermlin, Stephan: Die erste Reihe, Berlin 1951

Weick, Käte: Widerstand und Verfolgung in Singen und Umgebung, Stuttgart 1982

Wolf, Friedrich: Lilo Herrmann. Die Studentin von Stuttgart, ein biographisches Poem, Berlin 1950

St. Gallenkirch – Fluchtversuche des Dichters Jura Soyfer und anderer Verfolgter über die Montafoner Berge in die Schweiz (8)

Noch gibt es keine Gedenkzeichen (*), die im Grenzgebiet zwischen dem österreichischen Montafon und dem Schweizer Prättigau an die Schicksale jener Menschen erinnern, deren Flucht vor den NS-Schergen dort scheiterte. Der junge Dichter Jura Soyfer, der uns das „Dachaulied" hinterließ, ist einer von ihnen. Ihm und all jenen, denen die Flucht in die Schweiz nicht gelang, setzt in den Sommermonaten das Teatro Caprile mit seiner Theaterwanderung „Auf der Flucht" ein Denkmal, das in nachhaltiger Erinnerung bleibt.

Jura Soyfers gescheiterte Flucht

Für viele Jüdinnen und Juden und für erklärte GegnerInnen des Nazi-Regimes war nach dem „Anschluss" Österreichs an das Deutsche Reich die Schweiz das erste Fluchtziel. ÖsterreicherInnen, die einen gültigen Reisepass besaßen und nicht auf einer NS-Fahndungsliste standen, konnten – solange sie sich an die Devisenbestimmungen hielten – noch für kurze Zeit das Land verlassen.

Jura Soyfers Pass hingegen war abgelaufen. Und aus seiner Haltung zum NS-Regime hatte er nie einen Hehl gemacht. Im Gegenteil. Soyfer, am 8. Dezember 1912 in der Ukraine geboren, kam mit seinen Eltern, die vor der Russischen Revolution flohen, 1921 nach Wien. Bereits in seiner Schulzeit war er politisch aktiv und schloss sich der sozialdemokratischen Jugendorganisation an. Als 16-Jähriger veröffentlichte er in der „Arbeiterzeitung" Gedichte und Essays und verfasste Texte für das „Politische Kabarett" der Sozialdemokratie. 1934 schloss sich Soyfer der bereits verbotenen kommunistischen Partei an, in der er wie viele andere enttäuschte und kämpferische SozialdemokratInnen, Intellek-

(*) Die von den Montafoner Gemeinden und Museen geplante Aufstellung von entsprechenden Erinnerungszeichen musste Corona-bedingt bereits mehrmals verschoben werden.

Jura Soyfer

tuelle und KünstlerInnen die einzige Alternative zum Faschismus erblickte. Neben seinem Studium der Geschichte und Germanistik begann er die Arbeit an dem Roman „So starb eine Partei", seine Abrechnung mit der Politik der Sozialdemokratie. Er schrieb zahlreiche Stücke für Kleinkunstbühnen, Szenen, Prosa, Gedichte, Lieder und Agitprop und fand in der Zeit der austrofaschistischen Diktatur sein Publikum nicht nur in den Kellertheatern Wiens.

Nachdem ein Verfahren gegen ihn wegen Hochverrats und anderer politischer Delikte nur aufgrund einer allgemeinen Amnestie im Februar 1938 eingestellt worden war, konnte Jura Soyfer – als Jude, polizeibekannter Kommunist und antifaschistischer Schriftsteller gleich mehrfach gefährdet – nach dem „Anschluss" Österreichs am 12. März 1938 nur versuchen, das Land über die grüne Grenze zu verlassen. Noch am selben Tag nahm er mit seinem Freund Hugo Ebner, der im Jahr zuvor im Montafon seinen Ski-Urlaub verbracht hatte, den Nachtzug von Wien nach Bludenz. Am nächsten Morgen fuhren sie mit dem Bus weiter nach Schruns und brachen von dort aus zu einer „Ski-Wanderung" auf, die sie über die Schweizer Grenze bringen sollte. Oberhalb von Gargellen trafen sie auf eine österreichische Grenzpatrouille. Bei der Durchsuchung ihrer Rucksäcke wurde ihnen eine in eine Zeitung eingewickelte Sardinenbüchse zum Verhängnis: Obwohl es sich bei der Zeitung um das Mitteilungsblatt der völlig legalen Einheitsgewerkschaft – und nicht etwa um illegales Schriftgut – handelte, lieferte sie den Gendarmen einen Grund, Jura Soyfer und Hugo Ebner zu verhaften. Die beiden wurden nach St. Gallenkirch eskortiert, wo sie die Nacht im Gemeindearrest verbringen mussten. Nach ihrer Überstellung an das Landgericht Feldkirch ergaben dortige Nachforschungen, dass beide auf der NS-Fahndungsliste standen. So wurden sie zunächst in das Polizeigefängnis von Innsbruck und von dort aus Mitte Juni 1938 in das Konzentrationslager Dachau verlegt.

Während seiner Haft in Dachau nahm Jura Soyfer den Torspruch „Arbeit macht frei" und dessen Verhöhnung der Häftlinge auf und schrieb den Text des bekannten Dachauliedes: *„Doch wir haben die Losung von Dachau gelernt, / Und wir wurden stahlhart dabei. / Bleib ein Mensch, Kamerad, / Sei ein Mann, Kamerad, / Mach ganze Arbeit, pack an Kamerad: / Denn Arbeit, denn Arbeit macht frei"*.

Im September 1938 wurde Jura Soyfer in das KZ Buchenwald verlegt, wo er am 16. Februar 1939 im Alter von nur 26 Jahren an Typhus starb. Hugo Ebner gelang im Juli 1939 die Emigration nach Großbritannien.

Die erhängten Jüdinnen in der „Kiecha", der verratene Flüchtling vom Gafierjoch und viele andere

Nur sehr wenig, und nur aus Erzählungen Einheimischer, ist über weitere Frauen und Männer bekannt, deren Flucht im Grenzgebiet zwischen dem österreichischen Montafon und dem Schweizer Prättigau scheiterte. Zu ihnen zählen zwei jüdische Frauen, deren Versuch, über einen der Grenzpässe zu entkommen, vereitelt wurde. Nachdem sie eine Nacht im Gemeindearrest von St. Gallenkirch, der „Kiecha", verbringen mussten, fand man sie dort am nächsten Morgen tot auf. Aus Angst vor der Deportation in ein Vernichtungslager hatten sie sich an den Riemen ihrer Rucksäcke erhängt.

Obwohl ihr Schicksal in der kollektiven Erinnerung der Einheimischen noch immer präsent ist, gehen die überlieferten Berichte von ZeitzeugInnen weit auseinander: Im Sommer 1941, dies galt lange Zeit als sicher, sollen die beiden Frauen auf der Flucht vor den Nazis ins Montafon gekommen sein. Ihre Namen und ihre Herkunft waren lange ungewiss. Die einen waren sich sicher, es habe sich um junge Schwestern gehandelt, andere erinnerten sich an pensionierte Lehrerinnen mit schlohweißem Haar. Erst seit jüngster Zeit scheint die Identität der beiden Frauen geklärt zu sein: Es soll sich bei ihnen um die Schwestern Elisabeth (*4.6.1891) und Martha (*20.7.1892) Nehab aus Berlin handeln. Auch ereignete sich diese Tragödie nicht im Sommer 1941, sondern am 24. September 1942.

Widersprüchliche Berichte von ZeitzeugInnen überlieferten auch die Geschichte des verratenen Flüchtlings vom Gafierjoch. Betroffen machte die Menschen vor allem die Tatsache, dass dieser Mann von einem Einheimischen in eine Falle gelockt und verraten worden war: Der junge deutsche Wehrmachtsdeserteur Nikolaus Staudt vertraute sich am 27. September 1944 einem einheimischen Fluchthelfer an, um sicher in die Schweiz zu gelangen. Der Schlepper ließ sich für seine Dienste gut bezahlen und gab vor, Staudt sicher zur Grenze oberhalb von Gargellen führen zu wollen. Vorher informierte er allerdings die Grenzschutzbeamten, die Staudt kurz vor dem Pass stellten. Bei seiner Verhaftung wurde er von einer Kugel getroffen. Ob er dort verstarb oder beim Transport ins Tal seinen Verletzungen erlag, ist nicht mehr zweifelsfrei feststellbar. Im Gargellner Sterbebuch ist dafür nachzulesen, dass der am 11. Februar 1919 in Düsseldorf geborene Unteroffizier und Medizinstudent Nikolaus Staudt am 30. September 1944 nachts gegen 22 Uhr auf dem Friedhof von Gargellen beigesetzt wurde.

Das Ensemble des Teatro Caprile ermöglicht, Tragödien wie diesen wandernd nachzuspüren

Das alte Schulhaus, in dessen Untergeschoss sich der Gemeindearrest von St. Gallenkirch befand, ist längst abgerissen. Es stand dort, wo sich heute das Silvretta Center befindet. Auch die Gedenktafeln für die beiden Jüdinnen und für Nikolaus Staudt, die der frühere Pfarrer Eberhard Amann in der Leichenkapelle in St. Gallenkirch hatte anbringen lassen, befinden sich nicht mehr vor Ort.

Aber auch wenn Gedenkstätten für diese Opfer des NS-Regimes fehlen, sind ihre Schicksale doch nicht vergessen. Großen Anteil daran haben die Ensemblemitglieder des Teatro Caprile, Roland Etlinger, Katharina Grabher, Maria King, Andreas Kosek und Mark Német,

die die interaktive Theaterwanderung „Auf der Flucht“ entwickelten. Basierend auf Berichten von ZeitzeugInnen, historischen Dokumenten und literarischen Texten von Franz Werfel, Jura Soyfer und anderen Schriftstellern, die aus Nazi-Deutschland flüchten mussten, nehmen sie die Zuschauenden mit auf eine Reise in die Vergangenheit. Bei der geführten Wanderung von Gargellen in Richtung Sarotlajoch kann so an wechselnden Spielorten dem Schicksal jener Menschen nachgespürt werden, die die Schrecken des Krieges am eigenen Leib erfahren mussten. Gespielt wird im Hotel Madrisa, in Alphütten und im freien Gelände. Entstanden im Jahr 2013 als Kooperation mit den Montafoner Museen, finden diese Theaterwanderungen seither jeden Sommer statt. Begleitet und moderiert werden sie von Friedrich Juen, der die Theatergäste von Szene zu Szene führt. Seine Passion gilt der Geschichte des Montafons und ganz besonders seines Heimatortes Gargellen, die eng mit seiner eigenen Familie verknüpft ist: Sein Großonkel Meinrad Juen, Metzger, Senner und legendärer Schmuggler aus St. Gallenkirch, hat nachweislich 42 Juden durchs Gebirge über die Schweizer Grenze geführt, unterstützt von Friedrichs Großvater Wilhelm Juen.

Vertiefende Informationen

Jura Soyfer Gesellschaft Wien (www.soyfer.at)

Hessenberger, Edith (Hg.): Grenzüberschreitungen – Von Schmugglern, Schleppern, Flüchtlingen, Schruns 2008

Kasper, Michael (Hg.): NS-Erinnerungsorte im Montafon, Schruns 2015

Montafoner Museen – Erinnerungsorte (https://stand-montafon.at/kultur-wissenschaft/montafoner-museen/erinnerungsorte)

Stand Montafon: 15 Orte – 15 Geschichten. Texte verorten Erinnerungen an den Nationalsozialismus im Montafon, Schruns 2021 (https://stand-montafon.at/kultur-wissenschaft/montafoner-museen/erinnerungsorte-montafon)

Teatro Caprile (www.teatro-caprile.at)

Bahnhof Feldkirch – Erinnerungsort für Opfer der Nazi-Diktatur (9)

Zuckmayer-Zitat an Gleis 1 des Bahnhofs Feldkirch

Als sich die Verwaltung des österreichischen Grenzorts Feldkirch entschloss, mit einem Denkmal an die Opfer der Nazi-Diktatur zu erinnern, fiel die Standortwahl auf den Bahnhof. Seit 1998 ist dort ein Zitat des Schriftstellers Carl Zuckmayer zu lesen, dem im März 1938, wenige Tage nach dem „Anschluss" Österreichs, über den Bahnhof Feldkirch die Flucht in die Schweiz gelang. Viele andere Menschen hatten weniger Glück: Für sie wurde Feldkirch zur Endstation ihrer Flucht.

In Feldkirch wurden die Weichen in den Tod gestellt

Die Bedeutung des Zuckmayer-Zitats an Gleis 1 erschließt sich nicht auf Anhieb. Es bedarf deshalb der kleinen erläuternden Gedenktafel, um aufzuzeigen, dass damit der vielen Menschen gedacht werden soll, die weniger Glück hatten als Zuckmayer und deren Namen längst vergessen sind:

„Der Schriftsteller Carl Zuckmayer (1896–1977) hat in seiner Autobiographie ‚Als wär's ein Stück von mir' seine Erlebnisse am Feldkircher Bahnhof am 15. März 1938 eindrücklich festgehalten. Von diesem Bahnhof aus zogen während der nationalsozialistischen Diktatur Menschen in den Krieg, wurden andere willkürlich in Arbeitslager und Gefängnisse, in Konzentrationslager oder als ‚lebensunwertes Leben' zur Euthanasie verfrachtet. Hier kamen Verwundete an, Ausgebombte, Kriegsgefangene, verschleppte Zwangsarbeiter und Menschen, die wie Zuckmayer versuchten, sich in die Schweiz, in die Freiheit zu retten. Viele vergeblich."

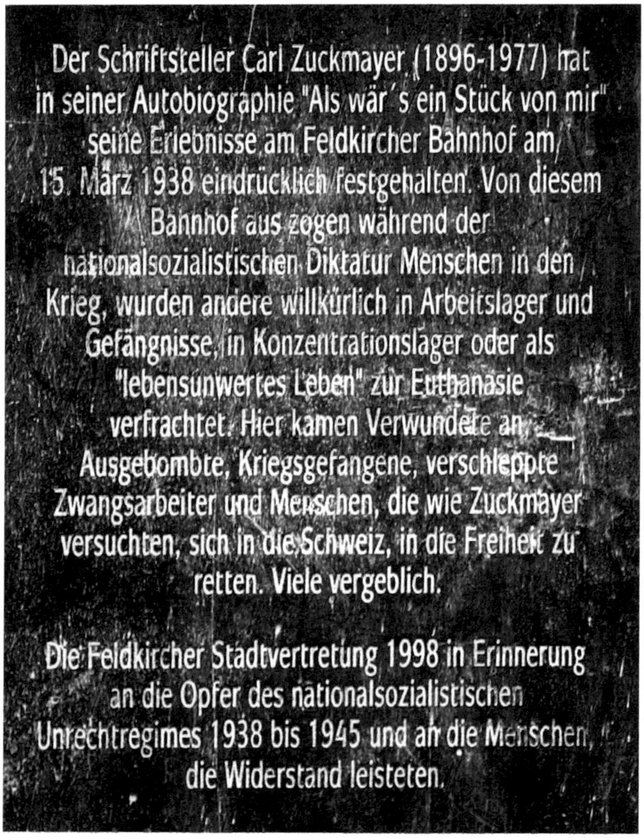

Erläuternde Gedenktafel zum Zuckmayer-Zitat

Im Jahr 1872 gemeinsam mit der Vorarlberger Bahn eröffnet, bekam der Bahnhof Feldkirch mit der Fertigstellung der Arlbergbahn 1884 auch internationale Bedeutung. Und im März 1938 wurde Feldkirch zu einem der letzten verbleibenden Tore in die Freiheit für erklärte Hitler-GegnerInnen. Dramatische Begebenheiten, die sich dort abspielten, schilderten in ihren Memoiren nicht nur Carl Zuckmayer, sondern auch Walter Mehring und viele andere LiteratInnen, denen über Feldkirch direkt nach dem „Anschluss" Österreichs 1938 noch die Flucht von Wien nach Zürich gelang. Der Historiker Ulrich Nachbaur hat in seinem Essay „Als der Zug langsam in Feldkirch einfuhr" viele ihrer Beschreibungen dramatischer Begebenheiten zusammengetragen. Beispielsweise die der antifaschistischen Schauspielerin und Autorin Herta Pauli: *„Vor der Grenzstation Feldkirch stürmten Lausbuben in Lederhosen und Armbinden mit Hakenkreuzen den Zug und begannen die Abteile zu durchschnüffeln.* [...] *Mit einem Ruck hielt der Zug dicht vor der Grenze. Anstelle der österreichischen Zollbeamten stiegen SS-Leute ein und hinter ihnen wurden die Wagentüren verschlossen. Wir erbleichten beim Anblick der schwarzen Uniformen. Die Pässe wurden eingesammelt und nach Listen verglichen; die Koffer wurden geöffnet, der Inhalt auf den Boden gestülpt und durchwühlt. Einige aus dem Coupé wurden abgeführt, andere auf dem Gang an uns vorbeigetrieben. Nur wenige kamen zurück.*"

Weitere Gedenkorte in der Nähe

In diesem Buch führt ein weiterer Ausflug zu dem nur wenige hundert Meter vom Bahnhof Feldkirch entfernten evangelischen Friedhof mit dem Grab der Widerstandskämpferin Hilde Meisel (→ S. 173).

Viele der Menschen, deren Flucht gescheitert war, wurden vom Landgericht zu einer Zuchthausstrafe verurteilt. Seit März 2018 hängt im Landgericht Feldkirch eine Gedenktafel, die an die Opfer der NS-Justiz erinnert. Opfer wie Heinrich Heinen, den mit seiner jüdischen Braut Edith Meyer eine Liebe verband, die in Feldkirch ein tödliches Ende nahm. Alfons Dür, erst Richter, später Präsident des Landgerichts Feldkirch, hat die Geschichte von Heinrich Heinen und Edith Meyer in jahrelanger Arbeit rekonstruiert. Sein im Jahr 2012 erschienenes Buch „Unerhörter Mut. Eine Liebe in der Zeit des Rassenwahns“ zeichnet ihre dramatische Fluchtgeschichte nach, gewährt darüber hinaus auf der Grundlage von Originaldokumenten tiefe Einblicke in das Justizsystem des NS-Regimes.

Vertiefende Informationen

Dür, Alfons: Unerhörter Mut. Eine Liebe in der Zeit des Rassenwahns, Innsbruck 2012

Nachbaur, Ulrich: Als der Zug langsam in Feldkirch einfuhr, in: Rheticus, Vierteljahresschrift der Rheticus-Gesellschaft 1998, Heft 3/4, S. 273-294

Pichler, Meinrad: Nationalsozialismus in Vorarlberg. Opfer – Täter – Gegner, Innsbruck 2012

Die Paul Grüninger Brücke in Diepoldsau – Gedenkort für einen lang verschmähten Fluchthelfer (10)

Seit dem Jahr 2012 ist die Brücke über den alten Rheinlauf nach Paul Grüninger benannt

Die Schweiz tat sich ungemein schwer mit der Rehabilitierung des St. Galler Polizeikommandanten Paul Grüninger. Der Mann, der Schlagbäume öffnete für Menschen, die nach dem „Anschluss" Österreichs – von Verfolgung und Deportation in die deutschen Vernichtungslager bedroht – versuchten, illegal in die Schweiz einzureisen, starb verarmt und verfemt. Erst lange nach seinem Tod wurde sein Handeln auch in seinem Heimatland anerkannt.

Grüningers Fluchthilfe

Zwischen Hohenems und Diepoldsau trägt eine Brücke über den Alten Rhein seit dem 6. Mai 2012 den Namen Paul Grüningers. Sie überspannt den seit der Rheinbegradigung von 1923 nur noch von Regen- und Sickerwasser gespeisten schmalen alten Rheinlauf, der an manchen Stellen kaum breiter als einen Meter ist. An diesem Rinnsal entlang verläuft die Staatsgrenze zwischen Österreich und der Schweiz, die oft mit nur einem Sprung überwunden werden konnte. Hier spielten sich infolge der Schweizer Abschottungspolitik nach dem „Anschluss" Österreichs 1938 unfassbare Tragödien ab.

Es waren diese Tragödien, die Paul Grüninger (1891–1972) auf den Plan riefen: Er ließ als St. Galler Polizeikommandant vom Sommer 1938 bis zu seiner Suspendierung im Frühjahr 1939 eine heute nicht mehr zu beziffernde Anzahl verfolgter Frauen und Männer aus dem nationalsozialistischen Machtbereich in die Schweiz einreisen. Er hat diese Flüchtlinge nicht, wie vom Bundesrat – der Schweizer Regierung – vorgeschrieben, zurückgeschickt und ihnen damit das Leben gerettet.

Paul Grüninger (um 1939)

Zu den Flüchtlingen, die trotz der Grenzsperre durch die Auen des Alten Rheins bei Diepoldsau in die Schweiz gelangten und die von Paul Grüninger gerettet wurden, gehörte auch die damals 16-jährige Jüdin Susi Mehl aus Wien: *„Ich hab Glück gehabt und mein Glück hat einen Namen, und der Name ist Paul Grüninger. Er hat mir das Leben gerettet. Ich bin dann zu ihm, ich hab mein Schicksal erzählt* [...], *und ob ich dableiben kann. Ich seh ihn vor mir, ich seh das Zimmer.* [...] *und er steht vor mir mit seinem Zwicker und die Hände so nach rückwärts verschränkt, er schaut mich an und sagt ‚Geh auf die Flüchtlingshilfe. Die Sache werd ich erledigen.' Aus, das wars. Und so bin ich in der Schweiz geblieben."* (erinnern.at, S. 10).

Im Frühjahr 1939 wurden Paul Grüningers Aktivitäten publik, seine Vorgesetzten suspendierten ihn ohne Anspruch auf Rente vom Dienst und entließen ihn „unehrenhaft". Nachdem ihm von der St. Galler Regierung fristlos gekündigt worden war, verurteilte ihn das Bezirksgericht St. Gallen 1940 wegen Amtspflichtverletzung und Urkundenfälschung. Bis zu seinem Tod lebte er in Armut in Au, dem Heimatort seiner Frau Alice.

Späte Rehabilitierung

Als der Schweizer Bundesrat Johann Schneider-Ammann im Oktober 2017 in Israel, wo Paul Grüninger bereits seit 1971 in die Liste der „Gerechten unter den Völkern" von Yad Vashem aufgenommen ist, an der Einweihung der Paul-Grüninger-Straße in der Stadt Rischon Lezion teilnahm, äußerte er sich auch zur Politik seines Landes während des Nationalsozialismus: *„Die restriktive Flüchtlingspolitik der Schweiz, vor allem in den Jahren 1938 und 1942, ist sehr wahrscheinlich der dunkelste Moment unserer Geschichte"*.

Dass sich die Schweiz auch in der Nachkriegszeit jahrzehntelang weigerte, Grüninger zu rehabilitieren, ließ Schneider-Ammann dabei unerwähnt. Erst 1995 hob das Bezirksgericht St. Gallen das seinerzeitige Urteil gegen Grüninger auf und sprach ihn fast sechzig Jahre nach seinen „Taten" frei. Einer Artikelserie von Stefan Keller in der Schweizer Wochenzeitung WOZ im Jahr 1992 und seinem kurz darauf erschienenen Buch „Grüningers Fall. Geschichten von Flucht und Hilfe" ist es vor allem zu danken, dass es nach vielen davor gescheiterten Versuchen endlich gelang, Grüninger zu rehabilitieren.

Die Paul Grüninger Stiftung und die Rehabilitierung weiterer Fluchthelfer

Nach der Rehabilitierung Grüningers ließen seine Nachkommen die erhaltene materielle Wiedergutmachung in die Paul Grüninger Stiftung einfließen, die sich seither nicht nur dem Andenken des Namensgebers widmet, sondern sich für die Wiedergutmachung von begangenem Unrecht einsetzt und Personen, Organisationen und Institutionen fördert, die in besonderem Maße Zivilcourage zeigen. So setzte sich die Stiftung vehement für die Rehabilitierung auch anderer FluchthelferInnen und all jener Menschen ein, die im Laufe der Nazizeit in der Schweiz für ihre Hilfsleistungen an Flüchtlingen bestraft worden waren.

Auf Basis der Erkenntnisse des Zwischenberichts der „Bergier-Kommission", der 1996 gebildeten Expertenkommission, die die Geschichte der Schweiz vor, während und unmittelbar nach dem Zweiten Weltkrieg umfassend aufzuarbeiten hatte, folgte der Schweizer Nationalrat im Dezember 2000 einer parlamentarischen Initiative von Paul Rechsteiner; der SP-Nationalrat und Präsident des Gewerkschaftsbundes verlangte damit die Rehabilitierung von FluchthelferInnen. Am 1. Januar 2004 trat schließlich das entsprechende „Bundesgesetz über die Aufhebung von Strafurteilen gegen Flüchtlingshelfer zur Zeit des Nationalsozialismus" in Kraft.

Ein halbes Jahrhundert nach der Bestrafung wurden daraufhin die Urteile oder Strafbefehle gegen 137 FluchthelferInnen aufgehoben. In 63 Fällen erfolgte deren Rehabilitierung aufgrund von Gesuchen der Paul Grüninger Stiftung.

Auf der Gedenktafel an der Paul Grüninger Brücke ist zu lesen, dass sein Name „stellvertretend für die mutigen Frauen und Männer auf beiden Seiten der Grenze" steht, „die Flüchtlingen geholfen haben".

► *Weitere Gedenkorte in der Nähe*

In der acht Kilometer entfernten Gemeinde Au, dem Heimatort seiner Frau Alice, wo Paul Grüninger bis zu seinem Tod am Kirchweg 4 direkt neben dem Gemeindehaus lebte, erinnert seit dem Jahr 2004 eine Gedenktafel an den früheren Bewohner. Nur einen Steinwurf davon entfernt befindet sich der örtliche Friedhof mit dem Grab von Alice und Paul Grüninger, das 2008 vom St. Galler Künstler Norbert Möslang neu gestaltet wurde.

Das Grab von Alice und Paul Grüninger in der Gemeinde Au

Wer die Paul Grüninger Brücke überquert, gelangt in die österreichische Gemeinde Hohenems, in die ein weiterer Ausflug in diesem Buch führt (→ S. 81).

Vertiefende Informationen

Bickenbach, Wulff: Gerechtigkeit für Paul Grüninger, Köln 2009

erinnern.at – Institut für Holocaust Education des Bundesministeriums für Bildung, Wissenschaft und Forschung (BMBWF), Biografie Susi Mehl o.J. (www.erinnern.at/media/de4b307364336306e89f9a9019bb94f5/Lehrerhandreichung_Sophie_Haber.pdf)

Keller, Stefan: Grüningers Fall. Geschichten von Flucht und Hilfe, Zürich (5. nachgeführte Auflage 2013, Originalausgabe 1993)

Paul Grüninger Stiftung (www.paul-grueninger.ch)

Orte früheren jüdischen Lebens in Gailingen (11)

Das Jüdische Museum mit den zwei Stelen, die den Eingang zur zerstörten Synagoge symbolisieren

Mit der Deportation der badischen Jüdinnen und Juden am 22. Oktober 1940 in das Lager Gurs (Südfrankreich) endete auf schreckliche Weise die fast 300-jährige jüdische Geschichte der Gemeinde Gailingen am Hochrhein. Das Jüdische Museum dokumentiert das Leben der jüdischen Mitbürgerinnen und Mitbürger und ihre spätestens ab September 1935 einsetzende Entrechtung, Verfolgung, Deportation und Ermordung.

Als die Synagoge brannte

1858 zählte die jüdische Gemeinde von Gailingen knapp tausend Mitglieder. Kurz danach, im Jahre 1862, bekamen alle Juden und Jüdinnen mit dem neuen „Gesetz über die bürgerliche Gleichstellung der Israeliten im Großherzogtum Baden" die Niederlassungsfreiheit – und so zogen viele weg aus Gailingen. Doch in der Weimarer Zeit war Gailingen immer noch eine der größten jüdischen Landgemeinden Süddeutschlands. Sie verfügte über eine Synagoge, die Platz für über 700 Menschen bot, ein Schul- und Gemeindehaus, einen Friedhof, ein eigenes Krankenhaus und mit dem „Friedrichsheim" auch über ein eigenes Altersheim.

Als die Nationalsozialisten 1933 an die Macht kamen, lag der jüdische Bevölkerungsanteil von Gailingen mit über 300 Personen noch bei 20 Prozent. Seit Erlass der Nürnberger

Rassengesetze im September 1935 und den nachfolgenden Verordnungen längst entrechtet und nahezu jeder Einkommensmöglichkeit beraubt, mussten die Gailinger Jüdinnen und Juden während der Reichspogromnacht am 10. November 1938 die Zerstörung ihrer Synagoge miterleben.

Die Ereignisse in Gailingen, das nur über eine gedeckte Holzbrücke über den Rhein vom schweizerischen Diessenhofen getrennt ist, wurden auch von den Eidgenossen protokolliert. Im Bericht der „Bergier-Kommission", der 1996 gebildeten Expertenkommission, die die Geschichte der Schweiz vor, während und unmittelbar nach dem Zweiten Weltkrieg umfassend aufzuarbeiten hatte, werden sie geschildert: *„Über den Novemberpogrom war der schweizerische Bundesrat durch die diplomatischen Vertretungen in Deutschland gut informiert. Die Thurgauer Kantonspolizei berichtete von den Ereignissen in der benachbarten badischen Gemeinde Gailingen nach Bern: ‚Alle 100 bis 150 Meter der Grenze entlang stand ein S.S. Mann Wachtposten und hatte die Aufgabe, ev. flüchtende Juden anzuhalten und festzunehmen. Im Verlaufe des Morgens wurden sämtliche Juden (Männer, Frauen und Kinder) aufgefordert, sich [...] bei der Synagoge einzufinden. Sie mussten nun zusehen, wie man ihr Gotteshaus unter Zuhilfenahme von Zünd- und Sprengstoffen vernichtete.*

Die Kantonspolizei teilte mit, dass die jüdischen Männer verhaftet und in Konzentrationslager gebracht worden seien. Es war ihr klar, dass der Pogrom von staatlichen Stellen und Parteiorganen organisiert und durchgeführt worden war."

Die SS-Truppen, die in Gailingen wüteten, waren am Morgen des 10. November 1938 aus Radolfzell angerückt. Unter den Männern, die von ihnen zunächst misshandelt und dann in das KZ Dachau verschleppt wurden, befand sich auch der Rabbiner der Gemeinde, Dr. Mordechai Bohrer, der dort am 30. Dezember 1938 den Haftbedingungen erlag.

„Wer kann, geht fort"

Während Mordechai Bohrer in Dachau inhaftiert war, trafen in Gailingen die lang ersehnten Ausreisepapiere für seine Familie ein, sodass sich seine Frau Jenny mit den acht Kindern über die Schweiz nach Palästina in Sicherheit bringen konnte.

Die zunehmende Gewalt und Bedrohung führte zu einer regelrechten Auswanderungswelle. Wer auch immer es organisieren konnte, verließ den Ort. Auf einer Informationstafel im Jüdischen Museum Gailingen sind die Namen all jener Menschen gelistet, die sich durch Ausreise noch retten konnten: Auffällig oft ist dort als Ausreiseziel im Februar 1939 „Shanghai" genannt. Doch die Ausreise nach China war lediglich vorgeschoben. Das eigentliche – illegale – Ziel der Emigration war Palästina: Zusammen mit mehreren Hundert anderen Flüchtlingen gelangten 23 Jüdinnen und Juden aus Gailingen auf dem Landweg zunächst in die Hafenstadt Rijeka im heutigen Kroatien und von dort aus auf dem Kohlefrachter „Aghiazone" nach Palästina.

„Jetzt geht's ins Gelobte Land!"

Knapp zwei Jahre nach den Novemberpogromen wurden am 22. Oktober 1940 210 Menschen aus Gailingen – jüdische Frauen, Männer und Kinder – von SS-Männern und Polizei zusammengetrieben. Bürgermeister Willy Becher sah von der Rathaustreppe aus zu und rief von dort aus zu Moses Friesländer, einem angesehenen Kaufmann des Ortes: *„So, Friesländer, jetzt geht's ins Gelobte Land!"* (zit. n. Engelsing). Im Rahmen der sogenannten Wagner-Bürckel-Aktion erfolgte ihre Deportation zusammen mit über 6000 weiteren jüdischen Bürgern und Bürgerinnen aus Baden und der Saarpfalz in das am Fuß der Pyrenäen liegende südfranzösische Internierungslager Gurs. Danach vermeldeten die verantwortlichen Gauleiter Robert Wagner (Baden) und Josef Bürckel (Saarpfalz), ihre Gaue seien nun „judenrein", die Deportationen reibungslos und ohne Zwischenfälle verlaufen. Die große Mehrheit dieser Menschen wurde ab März 1942 über das Transit-KZ Drancy bei Paris nach Auschwitz, Sobibor und Majdanek verbracht und dort ermordet.

Damit endete die fast 300-jährige jüdische Geschichte der Gemeinde Gailingen auf schreckliche Weise. Dafür, dass sie jedoch nicht vergessen wird, ist in Gailingen viel getan worden. Angefangen mit dem ab Juli 1945 tagenden „Entnazifizierungs- und Wiedergutmachungsausschuss", der unter Leitung des von den französischen Besatzungskräften eingesetzten neuen Bürgermeisters Josef Ruh ehemalige Gailinger NSDAP-Mitglieder zwangsverpflichtete, den jüdischen Friedhof wieder herzurichten und zu pflegen.

Der Synagogenplatz blieb unbebaut. Hier fand im Juni 1967 die feierliche Einweihung der Synagogengedenkstätte statt, die im Jahr 2000 – zum 60. Gedenktag der Deportation nach Gurs – neu gestaltet wurde: Der Platz zeigt nun die Umrisse der ehemaligen Synagoge. Zwei Stelen markieren ihren Eingang. Auf einer Stele sind die Namen der 210 Deportierten festgehalten und ein Dia mit der Innenansicht der ehemaligen Synagoge eingelassen.

Die Synagogengedenkstätte

Im ersten Stock des ehemaligen jüdischen Schul- und Gemeindehauses, das 1845–47 gegenüber der Synagoge erbaut wurde, befindet sich heute das vom Verein für jüdische Geschichte Gailingen e.V. getragene Jüdische Museum Gailingen. Und auch vor dem Friedrichsheim, in dem sich von 1898 bis 1940 das jüdische Altersheim befand, wird mit einer Gedenktafel namentlich an alle 108 von dort deportierten Menschen erinnert.

Das Jüdische Museum Gailingen dokumentiert exemplarisch die jüdische Geschichte in Gailingen

Gedenktafel für die Deportierten vor dem früheren Friedrichsheim

▶ *Weitere Gedenkorte in der Nähe*

Im Jüdischen Museum Gailingen wird auch über die ehemalige jüdische Gemeinde im nur fünf Kilometer entfernten Randegg informiert, deren Synagoge in der Pogromnacht zerstört wurde. Dort markieren heute Stahlbänder die Umrisse des früheren jüdischen Gotteshauses, auf denen die Namen der Opfer der NS-Gewaltherrschaft aus Randegg eingelassen sind.

Der Synagogenplatz im Nachbarort Randegg

Vertiefende Informationen

„Bergier-Kommission“, Band 17: Die Schweiz und die Flüchtlinge zur Zeit des Nationalsozialismus (www.akdh.ch/ps/uek.pdf)

Engelsing, Tobias: „Morgens 7 Uhr Gestapo bei uns“, in: DIE ZEIT Nr. 42/2015, 15. Oktober 2015 (www.zeit.de/2015/42/holocaust-juden-gestapo-deportation-gailingen)

Jüdisches Museum Gailingen (www.jm-gailingen.de)

Friedrich, Eckhardt / Schmieder, Dagmar (Hg.): Die Gailinger Juden, Konstanz, 4. Auflage 2010

Die Georg-Elser-Gedenkstätte in Königsbronn (12)

Tafel mit Georg Elsers bekanntesten Worten am Eingang der Gedenkstätte

Mit seinem Attentat auf Adolf Hitler am 8. November 1939 im Münchner Bürgerbräukeller wollte der Königsbronner Schreiner Georg Elser weiteres Völkermorden und „noch größeres Blutvergießen verhindern". Sein Plan schlug fehl. Elser wurde noch am selben Tag verhaftet und nach über fünfjähriger Isolationshaft am 9. April 1945 im KZ Dachau ermordet – am selben Tag wie Dietrich Bonhoeffer und andere Widerständler im KZ Flossenbürg. Anerkennung blieb dem einfachen Arbeiter, dem es fast gelungen wäre, die Welt zu verändern, dennoch lange versagt.

Elsers gescheitertes Hitlerattentat

Georg Elser war bereits im Herbst 1938 – einige Jahre vor oppositionellen Eliten aus Wehrmacht und Verwaltung – zu der Überzeugung gelangt, dass die Verhältnisse in Nazi-Deutschland nur durch eine Beseitigung der NS-Führungsriege geändert werden könnten. Elser hatte militärische und propagandistische Kriegsvorbereitungen beobachtet. Er hatte den Einmarsch deutscher Truppen in die Tschechoslowakei und die Besetzung des „Sudetenlandes", auch das Nachgeben der Westmächte auf der Münchener Konferenz im September 1938, erlebt. Die Gefahr eines drohenden Krieges erkannte er früh. Und entschloss sich zu handeln.

Da Hitler bekanntlich abends vor jedem Jahrestag seines gescheiterten Putschversuchs vom 9. November 1923 im Münchner Bürgerbräukeller eine Rede zu Ehren der „Blutzeugen der Bewegung" hielt, bei der auch stets die gesamte nationalsozialistische Führung anwesend war, beschloss Elser, in die Säule direkt hinter dem Rednerpult eine Bombe mit Zeitzünder einzubauen. In wochenlanger Arbeit präparierte er dort von August bis November 1939 die Säule für die Aufnahme eines Sprengkörpers. Nach einer letzten Inspektion des Zeitzünders fuhr er am 8. November nach Konstanz, um dort noch vor der Detonation illegal die Grenze zur Schweiz zu überschreiten. In München detonierte die Bombe wie geplant um 21.20 Uhr. Zu diesem Zeitpunkt hatte Adolf Hitler die Versammlung jedoch bereits seit 13 Minuten verlassen: Nebel verhinderte den Rückflug nach Berlin, und so verließ die NSDAP-Spitze, die auf einen Sonderzug ausweichen musste, den Versammlungsort früher als geplant.

Der Mann, der mit seiner Tat den Krieg hatte verhindern wollen

Georg Elser wurde am 4. Januar 1903 in Hermaringen geboren und wuchs unter schwierigen Familienverhältnissen in Königsbronn auf. Seine handwerkliche und zeichnerische Begabung fiel bereits während seiner Schulzeit auf; die zunächst begonnene Ausbildung zum Eisendreher musste er aus gesundheitlichen Gründen abbrechen und absolvierte danach eine Schreinerlehre, die er als Jahrgangsbester 1922 abschloss. 1925 ging er auf Wanderschaft. Er arbeitete während der nächsten sieben Jahren in der Tradition des wandernden Schreinergesellen an verschiedenen Orten rund um den Bodensee und lebte von August 1925 bis Mai 1932 in Konstanz. Er war Mitglied im Holzarbeiterverband und trat 1928/29 dem kommunistischen Rotfrontkämpferbund (RFK) bei, ohne sich in beiden Organisationen stark zu engagieren. Im August 1932 kehrte Elser nach Königsbronn zurück, da seine Eltern Unterstützung benötigten, und arbeitete dort sowohl als selbständiger als auch als angestellter Schreiner. Bis 1933 wählte er nach eigener Aussage die KPD, weil er sie für die beste Vertretung der Arbeiterinteressen hielt. Den aufkommenden Nationalsozialismus lehnte Elser von Anfang an strikt ab, nahm starken Anstoß an der Einschränkung der individuellen Freiheitsrechte durch die NS-Führung nach 1933, auch an der Unterdrückung der Glaubens- und Religionsfreiheit. Die propagandistische und militärische Hochrüstung des NS-Regimes beobachtete der konsequente Kriegsgegner Elser genau. Mit dem Ergebnis, dass nur mit der Ausschaltung der führenden Nazis noch größeres Blutvergießen verhindert werden könne.

Verhaftung, jahrelange Isolationshaft und Ermordung

Während am Abend des 8. November 1939 im Münchner Bürgerbräukeller noch der Zeitzünder tickte, wurde Georg Elser um 20.45 Uhr in Konstanz bei dem Versuch, illegal die Grenze zur Schweiz zu übertreten, von einer Zollstreife festgenommen. Als die Meldung vom Münchner Attentat über die Ticker ging, erregten einzelne Gegenstände in Elsers Taschen Verdacht. Dazu gehörten neben einer Ansichtskarte des Bürgerbräukellers und einigen Teilen des Zeitzünders auch sein Abzeichen des Rotfrontkämpferbunds. Am nächsten Tag wurde er an die Staatspolizeileitstelle nach München überstellt. Dort gestand er nach tagelangen Verhören und Folterungen die Tat. Nach weiteren Verhören durch die Gestapo in Berlin – ihm wurde unterstellt, im Auftrag des britischen Geheimdiensts gehandelt zu haben; seine Einzeltäterschaft erschien unglaubhaft – wurde Elser ab 1940 als „Sonderhäftling“ in strenger Isolationshaft im Zellenbau des KZ Sachsenhausen gefangen gehalten: Nach dem „Endsieg“ sollte gegen ihn vor dem Volksgerichtshof ein Schauprozess abgehalten werden. Anfang 1945 verlegte ihn die Gestapo in das KZ Dachau. Während sich sowjetische Truppen der Reichshauptstadt näherten, beschloss die NS-Führung am 5. April 1945 den Mord an prominenten Regimegegnern, die die Befreiung nicht mehr erleben sollten. Am Abend des 9. April 1945 wurde Georg Elser im KZ Dachau durch Genickschuss ermordet und seine Leiche am nächsten Tag im Krematorium verbrannt.

Nach dem Zusammenbruch des NS-Regimes ist Elsers Tat jahrzehntelang verschwiegen, vergessen oder verdrängt worden. Er wurde diffamiert, als verschrobener Sonderling oder gar – wie von Pastor Martin Niemöller, der damit lediglich im KZ Sachsenhausen kolportierte Gerüchte weitergab – als Handlanger der Gestapo abgestempelt. Peter Steinbach und Johannes Tuchel von der Gedenkstätte Deutscher Widerstand schrieben über Hintergründe für die Elser lange versagte Würdigung: *„Zu akzeptieren, dass das Attentat vom 8. November 1939 von einem schwäbischen Handwerker geplant und begangen worden war, hätte das deutsche Selbstbild vom alternativlosen Gehorsam gehörig ins Wanken gebracht. Solche Gedanken passten nicht in das Deutschland der 50er-Jahre. Georg Elser verkörperte eine unangenehme Alternative.“*

Georg-Elser-Gedenken in Königsbronn – manifest und virtuell

Im Jahr 1988 gründete sich der Georg-Elser-Arbeitskreis Heidenheim mit dem Ziel, diesem Mann in der Erinnerungskultur des deutschen Widerstands gegen die nationalsozialistische Diktatur den herausragenden Stellenwert einzuräumen, der ihm zusteht. In enger Zusammenarbeit mit der Gemeinde Königsbronn gelang es danach in jahrelanger Arbeit, Georg Elsers Tat durch Veranstaltungen, Ausstellungen und Publikationen zunächst im Bewusstsein der Region zu verankern. Im Jahr 1997 zeigte die Gedenkstätte Deutscher Widerstand im Berliner Bendler-Block die Ausstellung „Ich habe den Krieg verhindern wollen. Georg Elser und das Attentat vom 8. November 1939“ – die von Anfang an für den späteren Verbleib in Königsbronn konzipiert war. Untergebracht ist diese Ausstellung seither in der im Jahr 1998 feierlich eingeweihten Georg-Elser-Gedenkstätte ganz in der Nähe des Königsbronner Rathauses.

Das Elser-Denkmal am Bahnhof von Königsbronn

Von Georg Elser existiert kein Grab. Die Asche seiner Leiche vergruben seine

Die Georg-Elser-Gedenkstätte in Königsbronn

Mörder wahrscheinlich in der Nähe des Krematoriums des KZ Dachau oder verstreuten sie wahllos. Deshalb wurde 2003 anlässlich seines 100. Geburtstages ein symbolisches Grab vor der Blasius-Kapelle im Königsbronner Friedhof am Itzelberger See errichtet.

Im Jahr 2010 konnte schließlich am Bahnhof von Königsbronn neben dem Bahnsteig von Gleis 2 in Richtung Ulm das vom Bildhauer Friedrich Frankowitsch geschaffene Elser-Denkmal enthüllt werden. Es soll Elsers Abreise am 5. August 1939 nach München darstellen, wo er in den folgenden Monaten sein Attentat auf Hitler vorzubereitete (wobei unwichtig ist, dass Elser den Zug wahrscheinlich im sieben Kilometer entfernten Heidenheim-Schnaitheim bestieg).

Einen virtuellen Gedenkort hat der Georg-Elser-Arbeitskreis mit seiner umfangreichen Homepage geschaffen, auf der unter anderem auch der ungekürzt wiedergegebene Text des Protokolls vom Verhör Georg Elsers im November 1939 durch die Berliner Gestapo nachzulesen ist.

► *Weitere Gedenkorte in der Nähe*

In Hermaringen, seinem 25 Kilometer von Königsbronn entfernten Geburtsort, steht seit dem 4. November 2019 vor dem Rathaus ein Georg-Elser-Denkmal. Studierende der Ulmer Hochschule für Kommunikation und Gestaltung hatten Ideen und Vorschläge dafür

„Ein Teil des Ganzen und doch anders" – Elser-Denkmal in Hermaringen

eingebracht, aus denen der Entwurf von Nina Seliger mit dem Namen „Ein Teil des Ganzen und doch anders" ausgewählt wurde. Eine dunkelgraue Betonplatte mit einem fensterartigen Ausschnitt steht einem viereckigen Holzblock gegenüber. Dieser Holzblock soll Georg Elser symbolisieren und hat die Maße des Ausschnitts, der in der Betonplatte fehlt.

Vertiefende Informationen

Gedenkstätte Deutscher Widerstand – Georg Elser und das Attentat des 8. November 1939 (www.georg-elser.de)

Georg-Elser-Gedenkstätte (www.georg-elser-gedenkstaette.de)

Georg-Elser-Arbeitskreis Heidenheim (www.georg-elser-arbeitskreis.de)

Hagedorny, Matheus: Georg Elser in Deutschland, Freiburg 2019

Landeszentrale für politische Bildung Baden-Württemberg: „Ich habe den Krieg verhindern wollen." Der Hitler-Gegner Georg Elser und sein Attentat vom 8. November 1939 – die Motive, Vorbereitungen und Folge, Stuttgart 2014 (www.gedenkstaetten-bw.de/fileadmin/lpb_hauptportal/pdf/bausteine_materialien/materialien_elser_2014.pdf)

Steinbach, Peter / Tuchel, Johannes: Georg Elser – Der Hitlerattentäter, Berlin 2010

Die T4-Tötungsanstalt Schloss Grafeneck (13)

Dokumentationszentrum Gedenkstätte Grafeneck

In Schloss Grafeneck begann der heute meist nach der Zentralstelle in der Berliner Tiergartenstraße 4 als „Aktion T4" bezeichnete Massenmord, dem dort und in weiteren fünf Vernichtungszentren circa 70.000 kranke und behinderte Menschen – oder wen die Nazis dafür hielten – zum Opfer fielen. Hier wird an 10.654 PsychiatriepatientInnen und AnstaltsbewohnerInnen erinnert, die zwischen dem 18. Januar und dem 13. Dezember 1940 im Rahmen dieser „Euthanasie-Aktion" in Grafeneck vergast wurden.

In Grafeneck nahm die Aktion T4 ihren Anfang

In Grafeneck bei Gomadingen im Landkreis Reutlingen wurden im Jahr 1940 10.654 Menschen umgebracht. Von den Tätern waren sie als „lebensunwertes Leben" charakterisiert, ihre Ermordung im Rahmen des umfassenden NS-Programms zur „Reinigung des Volkskörpers" als „Gnadentod" (Euthanasie) bezeichnet worden.

Das für die Herzöge von Württemberg erbaute Jagdschloss, seit 1928 im Besitz der Samariterstiftung, die hier ein „Krüppelheim" für Männer betrieb, wurde am 14. Oktober 1939 „für Zwecke des Reichs" beschlagnahmt. Bis Januar 1940 wurde das ehemalige Samariterstift, deren Bewohner in das Kloster Reute umzuziehen hatten, zielgerichtet in eine Mordanstalt umgewandelt: Die NS-Behörden rekrutierten das nötige Personal, errichteten rund 300 Meter vom Schloss entfernt die Aufnahmebaracke und Garage und bauten eine Remise zur Gaskammer um, die bis zu 75 Menschen aufnehmen konnte – was genau der Transportkapazität jeder der drei grauen Busse entsprach, mit denen die Opfer nach Grafeneck befördert wurden.

Am 18. Januar 1940 nahm die nun als „Landespflegeanstalt Grafeneck“ bezeichnete Institution unter der Leitung ihres ärztlichen Direktors Dr. Horst Schumann mit der Vergasung von 25 Patienten der bayrischen Heil- und Pflegeanstalt Eglfing-Haar ihren Tötungsbetrieb auf. Der erste Deportationstransport aus württembergischen Anstalten traf am 15. Januar ein; Transporte aus Baden setzten im Februar 1940 ein.

Die in Grafeneck zwischen dem 18. Januar und dem 13. Dezember 1940 ermordeten Menschen kamen aus 48 Einrichtungen und psychiatrischen Kliniken im heutigen Baden-Württemberg, Bayern, Hessen und Nordrhein-Westfalen, davon nach aktuellem Forschungsstand allein 558 Frauen und Männer aus der Ravensburger Heilanstalt Weißenau (→ S. 77) und 352 aus der Heilanstalt Zwiefalten (→ S. 73). Über 9.600 Opfer sind heute namentlich bekannt.

Gedenken und Erinnern in Grafeneck

Bodenschwelle mit den Namen der Einrichtungen, aus denen die Menschen stammten, die in Grafeneck ermordet wurden

1947 wurde Schloss Grafeneck wieder eine Einrichtung der Behindertenhilfe der Samariterstiftung. Die Remise mit der Gaskammer verschwand, ebenso die Aufnahmebaracke und die Garage für die grauen Busse. Mit Ausnahme der Errichtung einer kleinen, 1962 entstandenen Gedenkstätte, die aus einem Steinkreuz, einer halbrunden Steinmauer und einigen Urnengräbern besteht, wurden die hier begangenen Massenmorde weitestgehend verdrängt.

„*Viel Zeit verging*“, schreibt Thomas Stöckle, der Leiter der Gedenkstätte Grafeneck, „*bevor die Geschichte des Jahres 1940 in Grafeneck wieder zur Sprache gebracht, bevor das Schweigen gebrochen wurde. Fast 40 Jahre wurden die Morde der Nationalsozialisten an behinderten Menschen in Grafeneck nicht thematisiert, herrschte Sprachlosigkeit in der Region und weit darüber hinaus, fehlten die Worte für das Grauen.*“

Seither ist viel geschehen. Im Jahr 1990 wurde die als offene Kapelle konzipierte

Die offene Kapelle mit Altar und Riss in der Rückwand

Gedenkstätte Grafeneck errichtet. Die ein Fünfeck bildenden Stahlträger des Daches stehen für das 5. Gebot („Du sollst nicht töten"), der Riss in der Rückwand für den Schmerz über das hier verübte unbeschreibliche Geschehen. Der Zugang führt über einen Gedenkstein mit Bodenschwelle, in die viele der Namen der Einrichtungen eingelassen sind, aus denen Menschen zur Ermordung nach Grafeneck gebracht wurden. Das Gedenk- und Namensbuch listet die Namen aller bisher durch langjährige Forschungen identifizierten Opfer; es wird ständig erweitert. Da es aber mit großer Wahrscheinlichkeit nicht mehr gelingen kann, alle Opferschicksale zu rekonstruieren, sollen die 1998 als Granitquader in die Erde eingelassenen 26 Buchstaben des Alphabets, der sogenannte Alphabet-Garten, auch an die unbekannten Opfer von Grafeneck erinnern.

Im Jahr 2005 entstand schließlich das Dokumentationszentrum Gedenkstätte Grafeneck mit einer Dauerausstellung, die sich auch dezidiert den Tätern widmet, mit Bibliothek und Archiv. Es ist ganzjährig täglich geöffnet.

Vertiefende Informationen

Faulstich, Heinz: Von der Irrenfürsorge zur „Euthanasie". Geschichte der badischen Psychiatrie bis 1945, Freiburg 1993

Gedenkstätte Grafeneck (www.gedenkstaette-grafeneck.de)

Stöckle, Thomas: Grafeneck 1940. Die Euthanasie-Verbrechen in Südwestdeutschland, Tübingen 3. Aufl. 2012

Das Morden „unwerten Lebens" in der ehemaligen „Heilanstalt Zwiefalten" (14)

Die ehemalige Benediktinerabtei Zwiefalten

Von den NS-Tätern als „lebensunwertes Leben" charakterisiert, wurden 1940 im Rahmen der sogenannten T4-Aktion mindestens 352 PatientInnen der Heilanstalt Zwiefalten – und von dort aus weitere circa 700 PatientInnen anderer Anstalten – ins Gas geschickt. Aber auch danach ging das Morden auf dem Areal der ehemaligen Benediktinerabtei am südlichen Ausläufer der Schwäbischen Alb weiter: Bis zum Ende der Nazi-Diktatur starben dort noch über 1500 Menschen; manche wurden zu Tode gespritzt.

Zwiefalten als „Zwischenanstalt" für den Krankenmord im Jahr 1940

Die wenigsten der vielen BesucherInnen der an der Oberschwäbischen Barockstraße gelegenen ehemaligen Benediktinerabtei Zwiefalten dürften wissen, welche Gräuel sich hier zwischen 1933 und 1945 abspielten: Das im Rahmen der Säkularisation 1802 aufgelöste Kloster, ab 1806 als württembergische „königliche Landesirrenanstalt" genutzt, war als staatliche Heilanstalt nach der Machtübergabe an die Nationalsozialisten Schauplatz grausamster Verbrechen an kranken und behinderten Menschen.

Nachdem in der Heilanstalt Zwiefalten auf Basis des am 1. Januar 1934 in Kraft getretenen „Gesetzes zur Verhütung erbkranken Nachwuchses" in den Jahren davor bereits ungefähr 200 PatientInnen zwangssterilisiert worden waren, wurde die Anstalt 1940 zum Ausgangsort systematischer PatientInnenmorde. Am 2. April 1940 verließ der erste Transport Zwiefalten, um psychisch kranke Männer, Frauen und Kinder in die nur circa 25 Kilometer entfernte Tötungsanstalt Schloss Grafeneck (→S. 69) zu bringen.

Bis zum 9. Dezember 1940 wurden insgesamt mehr als 1000 Menschen in den grauen Bussen der NS-Scheinorganisation „Gemeinnützige Krankentransportgesellschaft" aus Zwiefalten nach Grafeneck deportiert und getötet. Getarnt wurden diese Transporte als „Verlegungen" in andere Anstalten. Dass diese Tarnung zumindest teilweise gelang, hing mit umfangreichen Patientenverschiebungen von Anstalt zu Anstalt zusammen. So wurden beispielsweise kurz nach Kriegsausbruch im September 1939 alle annähernd 600 PatientInnen der grenznahen Heilanstalt Rastatt nach Zwiefalten verlegt. Auch 299 sogenannte „volksdeutsche" Männer aus Pergine Valsugana im Trentino (Italien) wurden nach Zwiefalten gebracht. Aber auch zur Vertuschung der Massenmorde in Grafeneck wurden InsassInnen vieler Heilanstalten nicht auf direktem Weg in die Tötungsanstalt, sondern zunächst in eine andere Anstalt verlegt. Wofür Zwiefalten wegen seiner Nähe zu Grafeneck geradezu prädestiniert war.

Die katastrophalen Zustände, die sie im Sommer 1940 vorfand, schilderte eine junge Assistenzärztin: „*Der lange, ehemalige Klostergang war übervoll mit Patienten gepfropft. Sie lagen auf der Erde, auf den Stühlen, auf Strohsäcken, auf Tischen, bunt durcheinander, alte und junge, mißgestaltete, völlig kahl geschorene Menschen, denen mit blauer Farbe eine Nummer auf die Vorderstirn und auf den Unterarm geschrieben war* [...] *Von meinen ehemaligen Patienten traf ich nur noch zwei an. Ohne daß ich es ahnte, war ich in die Vorstation von Grafeneck geraten.*"

„Wilde Euthanasie" in Zwiefalten

Mitte Dezember 1940 wurde das systematische Morden in Grafeneck eingestellt, in Zwiefalten aber wurde „Euthanasie" an den hilflosen InsassInnen fortgesetzt. Ihr Tod wurde durch Verhungernlassen, durch das Herbeiführen von Erkrankungen aufgrund unzureichender Beheizung, durch die Inkaufnahme von Seuchen bei katastrophaler Überbelegung und durch die teilweise bewusst unterlassene Pflege herbeigeführt.

Eine der Frauen, die diesen mörderischen Bedingungen in Zwiefalten erlag, war die junge kommunistische Widerstandskämpferin Elisabeth Schikora. Als Mitglied der Stuttgarter Widerstandsgruppe „G" um Hans Gasparitsch war sie 1935 verhaftet und nach schweren Folterungen durch die Gestapo wegen Vorbereitung zum Hochverrat zu fünfeinhalb Jahren Zuchthaus verurteilt worden. Während ihrer Haftzeit in der Frauenstrafanstalt Aichach sollen sich bei ihr Haftpsychosen eingestellt haben, die zu einem Selbstmordversuch führten. Ende 1937 wurde sie mit der Diagnose Schizophrenie in die Heilanstalt Zwiefalten eingewiesen. Auch hier soll sie mehrere Selbstmordversuche unternommen haben. Am 12. Februar 1944 starb sie in Zwiefalten. An Tuberkulose, wie es hieß.

Wie viele der über 1500 Menschen, die im Rahmen dieser dezentralen, wilden „Euthanasie" bis zum Ende der Nazi-Herrschaft in Zwiefalten starben, gezielt durch Tabletten oder Spritzen getötet wurden, lässt sich nicht mehr feststellen. „*Kriegst a Spritzn, bist hin*", kommentierte zynisch die Zwiefalter Direktorin Dr. Martha Fauser (1889–1975) diese Vorgehensweise (Stöckle 2000, S. 28). Im Tübinger Grafeneck-Prozess, der im Sommer 1949 begann, wurde sie, die die Heilanstalt seit August 1940 leitete und für insgesamt zwölf Transporte mit 387 Patientinnen und Patienten aus Zwiefalten und anderen Anstalten verantwortlich zeichnete, wegen dreier erwiesener Einzeltötungen zu einer Gefängnisstrafe von anderthalb Jahren verurteilt, die aber durch die Untersuchungshaft als verbüßt galt. Ihr ebenfalls angeklagter Vorgänger Dr. Alfons Stegmann wurde zu zwei Jahren Haft verurteilt.

Gedenken an die Opfer

Die über 1500 Frauen, Männer und Kinder, die zwischen 1940 und 1945 in der Heilanstalt Zwiefalten starben, wurden auf dem anstaltseigenen Friedhof gleich neben dem kapellenähnlichen Gebäude der früheren Pathologie bestattet. Ihre Gräber wurden jedoch bereits Ende der 1950er-Jahre eingeebnet, und erst im Jahr 1987 konnte – dank des Engagements einzelner MitarbeiterInnen und des Personalrats des Zentrums für Psychiatrie Südwürttemberg am Standort Zwiefalten, zu dem die ehemalige Heilanstalt mittlerweile gehört – ein Gedenkstein in Erinnerung an die „Opfer hier begangenen Unrechts 1933–1945" feierlich eingeweiht werden. Der Gedenkstein mit seiner noch sehr vage gehaltenen Inschrift steht noch immer – ihm schräg gegenüber gibt aber mittlerweile eine Informationstafel Auskunft über Art und Umfang der hier begangenen Verbrechen. Zudem wurde im Jahr 2003 in der ehemaligen Pathologie das Württembergische Psychiatriemuseum eröffnet, das sich circa 200 Jahren Psychiatriegeschichte widmet, darunter auch mit einigen Exponaten und Schaukästen den Morden im Rahmen der sogenannten „NS-Euthanasie-Aktionen".

Informationstafeln geben mittlerweile Auskunft über Art und Umfang der hier begangenen Verbrechen

Früher Pathologie, heute Württembergisches Psychiatriemuseum

Vertiefende Informationen

Faulstich, Heinz: Von der Irrenfürsorge zur „Euthanasie". Geschichte der badischen Psychiatrie bis 1945, Freiburg 1993

Stöckle, Thomas: Grafeneck 1940. Die Euthanasie-Verbrechen in Südwestdeutschland, Tübingen 3. Aufl. 2012

Stöckle, Thomas: Die Rolle Zwiefaltens als Zwischenanstalt, in: Landeszentrale für politische Bildung Baden-Württemberg: „Euthanasie" im NS-Staat: Grafeneck im Jahr 1940, Stuttgart 2000, S. 26-28 (www.lpb-bw.de/publikationen/euthana/Euthanasie.pdf)

Württembergisches Psychiatriemuseum Zwiefalten (www.forschung-bw.de/history/psychiatricmuseum.php)

Das Mahnmal der Grauen Busse vor der ehemaligen „Heilanstalt Weißenau“ (15)

Mindestens 691 PatientInnen der Ravensburger „Heilanstalt Weißenau“ wurden ab Mai 1940 mit Bussen in Tötungsanstalten deportiert und dort vergast, zumeist in Grafeneck. Die „Grauen Busse“ sind zum Gedenksymbol der NS-„Euthanasie“-Aktion T4 geworden. Seit dem Jahr 2007 versperrt am Zentrum für Psychiatrie (ZfP) ein in Beton gegossenes Abbild dieser Busse die historische Pforte der ehemaligen Heilanstalt – eingemeißelt darin die überlieferte Frage eines der Opfer vor dem Abtransport: „Wohin bringt ihr uns?“

In grauen Bussen in die Tötungsanstalt Grafeneck

In der „Landespflegeanstalt Grafeneck“ (→ S. 69) bei Gomadingen im Landkreis Reutlingen wurden im Jahr 1940 10.654 Menschen ermordet, davon 558 Frauen und Männer aus der Ravensburger „Heilanstalt Weißenau“.

Als „Verlegungen“ in andere Anstalten getarnt, beförderten ab Mai 1940 grau gestrichene und mit verblendeten Fenstern versehene Busse der NS-Scheinorganisation „Gemeinnützige Krankentransportgesellschaft“ (GEKRAT) Patientinnen und Patienten aus der Weißenau mit insgesamt elf Transporten in den Tod. 558 von ihnen wurden in der „Landespflegeanstalt Grafeneck“ ermordet. Die dort zur Gaskammer umgebaute Remise konnte bis zu 75 Menschen aufnehmen. Das entsprach exakt der Transportkapazität der drei grauen Busse, mit denen die Opfer dorthin befördert wurden. Nach der Schließung dieser Tötungsanstalt Ende 1940 gingen weitere Transporte aus der Weißenau ins hessische Hadamar.

Historische Aufnahme auf der Informationstafel

Obwohl die Aktion der „Verlegungen" zunächst unter Vorgabe strengster Geheimhaltung und von Tarnorganisationen durchgeführt wurde, wussten schon bald alle in der Psychiatrie Tätigen und auch viele Außenstehende, was vor sich ging. Zuletzt erahnten auch Patientinnen und Patienten, was ihnen bevorstand.

Um die Erinnerung an Opfer und Täter dieser NS-„Euthanasie"-Aktion wachzuhalten, schrieben die Stadt Ravensburg und das Zentrum für Psychiatrie im Jahr 2005 den Wettbewerb „Mahnmal Weißenau" aus. Eine Jury aus Delegierten der Stadt, des ZfP und Kunstexperten entschied sich Anfang 2006 für den Wettbewerbsbeitrag von Horst Hoheisel und Andreas Knitz – einen Denkmalsentwurf in Form einer in Beton gegossenen originalgetreuen Nachbildung der GEKRAT-Omnibusse.

„*Wir hatten*", so Horst Hoheisel und Andreas Knitz im Buch „Das Denkmal der Grauen Busse", „*als wir die Bilder der grauen Busse sahen, uns sehr schnell entschieden, mit diesem Werkzeug der Täter an die Ermordung der Patienten aus Weißenau zu erinnern.* [...] *Für uns waren sie das stärkste Zeichen. Sie fuhren durch die Dörfer und Städte und keiner hielt sie auf, obwohl die Todesbusse in der Bevölkerung bekannt waren. Wir haben bewusst dieses Werkzeug der Täter als Erinnerungszeichen gewählt, weil wir denken, dass im Land der Täter auch an die Tat und die Täter des fabrikmäßig durchgeführten Massenmordes erinnert werden muss.*" (zit. n. Stadt Ravensburg 1, S. 8)

Seit dem 27. Januar 2007 steht das Mahnmal nun genau dort, wo die PatientInnen in den GEKRAT-Bussen die Heilanstalt verließen, und blockiert die alte Pforte zum ZfP dauerhaft. Der fast neun Meter lange Bus ist in der Mitte aufgeschnitten, sodass PassantIn-

Überliefertes Zitat eines Patienten im Mittelgang des Gedenkbusses

nen, PatientInnen und Klinikpersonal durch ihn das Klinikgelände betreten oder verlassen können. Zum Mahnmal an der Weißenau in Ravensburg gehört aber noch ein zweiter, baugleicher Bus, der als mobiles Denkmal fungiert.

Erinnerungskultur in Bewegung – an Orten der Tat, der Opfer und der Täter

Dieser zweite, versetzbare graue Bus transportierte die Erinnerung an die „Euthanasie“-Morde bereits an viele verschiedene Orte. Aufgestellt wurde er an Orten der Tat wie Grafeneck, Hadamar und Brandenburg an der Havel; außerdem an Orten der Opfer – er stand beispielsweise vom 16. Oktober 2014 bis zum 20. Mai 2015 im Zentrum für Psychiatrie Reichenau – sowie an Orten der Täter wie an der Berliner Tiergartenstraße und dem Stuttgarter Schlossplatz, in dessen Nähe sich das württembergische Innenministerium befand, das am 14. Oktober 1939 das Samariterstift Grafeneck für „Zwecke des Reichs“ beschlagnahmte, um es als Mordstätte für psychisch kranke Menschen einzurichten.

▶ *Weitere Gedenkorte in der Nähe*

In diesem Buch führt ein weiterer Ausflug zur Gedenkstätte für nach Auschwitz deportierte Sinti aus dem Ravensburger Ummenwinkel (→ S. 125).

Vertiefende Informationen

Das Denkmal der grauen Busse (www.dasdenkmaldergrauenbusse.de)

Stadt Ravensburg (Hg.): Das Denkmal der Grauen Busse, 2012, Teil 1 als PDF (www.dasdenkmaldergrauenbusse.de/files/Buch%20II/Buch-Part-1.pdf)

Stadt Ravensburg (Hg.): Das Denkmal der Grauen Busse, 2012, Teil 2 als PDF (www.dasdenkmaldergrauenbusse.de/files/Buch%20II/Buch-Part-2.pdf)

Stöckle, Thomas: Grafeneck 1940. Die Euthanasie-Verbrechen in Südwestdeutschland, Tübingen 3. Aufl. 2012

ZfP Südwürttemberg zum Weißenauer Mahnmal (www.zfp-web.de/unternehmen/erinnern-und-gedenken)

Das Ende jüdischen Lebens in Hohenems und wie heute daran erinnert wird (16)

Das Jüdische Museum in der ehemaligen Villa Heimann-Rosenthal

Dort, wo im Ortskern von Hohenems die Judengasse und die Christengasse zusammentrafen, lebten über 300 Jahre lang Jüdinnen und Juden, die die Kleinstadt in Vorarlberg nachhaltig prägten. Auch wenn es dort heute – nach Zwangsumsiedlung und anschließender Deportation der letzten Mitglieder durch das Nazi-Regime – längst keine eigene jüdische Gemeinde mehr gibt, gilt das Jüdische Viertel als eines der wenigen so lückenlos erhalten gebliebenen Ensembles mit jüdischer Geschichte. Mittendrin und weit über Vorarlberg hinaus bekannt steht das jüdische Museum als sehr lebendiger Ort der Auseinandersetzung mit Gegenwart und Vergangenheit.

Über 300 Jahre jüdisches Leben in Hohenems …

Es waren wirtschaftliche und politische Interessen, die zur Gründung der jüdischen Gemeinde Hohenems im Jahr 1617 führten: Mit der ehrgeizigen Absicht, den Marktflecken durch jüdische Händler zu beleben, schuf Reichsgraf Kaspar von Hohenems durch einen Schutzbrief die rechtliche Grundlage für die Ansiedlung jüdischer Familien. Zwar war ihr Leben in Hohenems fortan von vielen Diskriminierungen, auch hoher Steuerlast, bestimmt, aber ihre Religion durften sie ausüben.

Der Jüdische Friedhof von Hohenems

Der jüdische Friedhof am südlichen Ortsausgang existiert seit dem Beginn der jüdischen Ansiedlung. Die Synagoge im Zentrum des jüdischen Viertels öffnete im Jahr 1772 ihre Türen und bot Platz für 300 Menschen (wobei die Frauen ab den 1880er-Jahren nicht mehr auf der Empore separiert wurden). Die jüdische Schule wurde 1828, das Ritualbad, die Mikwe, ein Jahr später errichtet; ein Versorgungsheim für die Alten und eines für Arme folgte. Die von zwölf Familien begründete jüdische Gemeinde wuchs im 18. Jahrhundert kontinuierlich und erreichte Mitte des 19. Jahrhunderts mit über 500 Mitgliedern ihren demografischen Höhepunkt.

Als Jüdinnen und Juden in Österreich durch die sogenannte Dezemberverfassung des Jahres 1867 endlich die Gleichstellung erlangten und das Recht auf uneingeschränkten Aufenthalt und auf freie Religions- und Berufsausübung erhielten, wanderten viele Mitglieder der jüdischen Gemeinde aus Hohenems in die wirtschaftlichen Zentren der nahe gelegenen Schweiz, die Städte der k.u.k. Donaumonarchie oder nach Übersee aus. Schon um 1930 zählte die Gemeinde weit weniger als fünfzig Menschen. Einige der Übriggebliebenen verließen den Ort vor, andere direkt nach dem „Anschluss" Österreichs im März 1938. Einer von ihnen war Kurt Bollag, das 1921 letztgeborene Mitglied der jüdischen Gemeinde von Hohenems, der das Glück hatte, dass seine Eltern schon vor 1938 ihren Hauptwohnsitz über die nahe Grenze in das Schweizer Rheintal verlegten.

Sieben Gemeindemitglieder lebten 1939 noch in Hohenems, darunter auch der letzte Vorsteher der geschrumpften Gemeinde, Theodor Elkan mit Frau und Sohn. Niemand von ihnen überlebte die NS-Zeit: Sie wurden im Frühsommer 1940 in den 2. Wiener Gemeindebezirk zwangsumgesiedelt, dort in überfüllte sogenannte Judenhäuser gesteckt und später in die Konzentrations- und Vernichtungslager Theresienstadt, Izbica, Groß-Rosen und Treblinka deportiert. Im September 1940 vermeldete das „Vorarlberger Tagblatt" mit Genugtuung, dass die letzten Juden aus Hohenems verschwunden seien. „Unfreiwillig verzogen" steht auf den im Juni 2014 für sie in Hohenems verlegten Stolpersteinen.

Der Zwangsumsiedlung ging die vollständige Ausraubung und Zwangsauflösung der jüdischen Kultusgemeinde voraus. Ihre Liegenschaften und Besitztümer bekam die Gemeinde Hohenems für einen Spottpreis. „Erinnerungsstätten ehemaliger jüdischer Herrschaft" sollten konsequent „ausgemerzt" werden, verkündete der damalige Hohenemser Bürgermeister Josef Wolfgang. So wurde 1938 auch aus der Judengasse die Friedrich-Wurnig-Straße, benannt nach jenem SS-Mann, der im Zuge des Juli-Putsches 1934 den Innsbrucker Polizeichef Franz Hickl erschossen hatte und danach zum „Blutzeugen der nationalsozialistischen Bewegung" erhoben worden war.

... und was davon gerettet werden konnte

Jüdisches Leben kehrte direkt nach dem Ende des Kriegs nach Hohenems zurück: Zwischen 1945 und 1954 lebten mehr als tausend jüdische Überlebende, sogenannte Displaced Persons (DPs), in Vorarlberg. Die meisten blieben nur für kurze Zeit und reisten in die USA oder nach Palästina weiter. In Hohenems quartierten die französischen Besatzungsbehörden kurz vor Weihnachten 1945 die ersten DPs in der unzerstört gebliebenen Synagoge ein. Das Zusammenleben im Ort gestaltete sich nicht problemlos, wie im Katalog des Jüdischen Museums nachzulesen ist: *„Sie alle aber traten selbstbewusst auf und scheuten keinen Konflikt mit den Einheimischen – fühlten sie sich doch moralisch im Recht. Sie machten keinen Hehl daraus, dass sie auch die lokalen Behörden für mitschuldig an den NS-Verbrechen hielten und dass sie sich an ihre Regeln und Verordnungen nicht immer gebunden fühlten. Und sie zeigten ihr ‚Jüdisch-Sein' in der Öffentlichkeit, mit Festen und Demonstrationen. Die Einheimischen standen ihnen, den ‚fremd' wirkenden Ostjuden, irritiert und häufig feindlich gegenüber.*" Sie seien völlig anders als die „alten" assimilierten Hohenemser Juden gewesen, heißt es im Katalog weiter. Denn *„sie verstießen durch ihre schiere Präsenz gegen das Tabu, das über die Nazizeit errichtet worden war, sie ‚erinnerten' an die antisemitischen Klischees, sie sprachen Jiddisch und Polnisch, und sie waren wohl nicht immer freundlich gesinnt, vor allem, wenn sie auf Ressentiments stießen. Und das geschah häufig.* [...] *Für das hinter ihnen liegende Leid interessiert sich kaum jemand, im Gegenteil, die fehlende Dankbarkeit der DPs wurde ständig bemängelt, schließlich lebten sie von der Landesfürsorge. Die DPs ihrerseits staunten über das mangelnde Schuldbewusstsein der Täter und Mitläufer.*" (Loewy, S. 187f.)

Ein radikaler und auch symbolischer Schlussstrich unter das jüdische Leben in Hohenems wurde nach der Rückgabe des Gebäudes durch die französische Verwaltung mit dem Umbau der Synagoge in ein Feuerwehrhaus gezogen: Alle Elemente, die an die Funktion des Gebäudes als Synagoge erinnert hatten, wurden zerstört und auf der steinernen Stiftungstafel am Gebäude war fortan zu lesen: „Feuerwehr-Gerätehaus und Säuglingsfürsorge – erbaut 1954/55."

Diese Schlussstrich-Mentalität entsprach durchaus dem Zeitgeist. Zum Vergleich: In Deutschland war zu dieser Zeit Hans Globke – der Mitverfasser der Nürnberger Rassengesetze – noch Konrad Adenauers engster Berater, und von Fritz Bauer, der Mitte der 1960er-

Die Synagoge

Jahre den Auschwitz-Prozess erstritt, ist das Zitat überliefert: „Wenn ich mein Dienstzimmer verlasse, betrete ich feindliches Ausland."

Zumindest konnten Kurt Bollag und andere Hohenemser Nachkommen die Zerstörung des jüdischen Friedhofs verhindern: 1954 gründeten sie einen Verein zu dessen Erhalt und übernahmen den Friedhof. Danach dauerte es knapp zwanzig Jahre, bis 1973 erstmals die Idee zur Errichtung eines jüdischen Museums in Hohenems aufkam. Kulturpolitisch engagierte BürgerInnen gründeten 1986 den „Verein Jüdisches Museum Hohenems", um die Möglichkeit zu eröffnen, jüdische Geschichte, jüdisches Leben und Kultur kennenzulernen. Es wurde am 10. April 1991 in der ehemaligen Villa Heimann-Rosenthal eröffnet. Das Gebäude gehört zu jenen aus früherem jüdischen Besitz, die im Rahmen der auch von der Stadtverwaltung mitgetragenen Erneuerung des historischen Zentrums vorher saniert worden waren. Im Jahr 1996 wurden die wesentlichsten Teile des Jüdischen Viertels vom österreichischen Bundesdenkmalamt unter Schutz gestellt. Die Synagoge diente noch bis 2001 der Feuerwehr, wurde danach behutsam teilrekonstruiert und beherbergt seit Mai 2006 einen Saal, der nach dem Hohenemser Kantor und Komponisten Salomon Sulzer (1804–1890) benannt ist.

Das Jüdische Museum – experimenteller Ort der Auseinandersetzung mit Gegenwart und Vergangenheit

Die Dauerausstellung des Jüdischen Museums Hohenems vermittelt mit vielfältigen Exponaten und Videoinstallationen und auch einer eigenen Kinderausstellung die Geschichte

der jüdischen Gemeinde von ihren Anfängen bis zu ihrem Ende im Nationalsozialismus. Einer Gemeinde, die stets gezwungen war, ihre Kinder in andere Orte (von Süddeutschland bis nach Norditalien) zu schicken, da die Zahl der bewilligten Niederlassungen und Familien in Hohenems beschränkt blieb. Nachkommen jüdischer Familien aus Hohenems leben heute überall auf der Welt; eine wesentliche Dimension der Arbeit des Jüdischen Museums besteht darin, das Netzwerk der Hohenemser Diaspora zu pflegen.

Das Museum ist alles andere als ein „jüdisches Heimatmuseum“: Hier werden vor allem in vielen Wechselausstellungen und Veranstaltungen unbequeme Kapitel der Geschichte, die NS-Zeit und der lange tabuisierte regionale Antisemitismus ebenso thematisiert wie gegenwärtige Fragen der Migration in einer modernen Einwanderungsgesellschaft. Für Hanno Loewy, der in Konstanz promovierte, später Gründungsdirektor des Frankfurter Fritz-Bauer-Instituts war und das Jüdische Museum Hohenems seit 2004 leitet, ist es zum experimentellen Ort der Auseinandersetzung mit Gegenwart und Vergangenheit geworden. *„Die Entwicklung hier in Hohenems hat man in Frankfurt, Wien, ja überall sehr schnell wahrgenommen. Alle haben plötzlich über Hohenems geredet“*, erläuterte er im Interview des Hohenemser Stadtmarketings. *„Und so legen wir Wert darauf, dass unsere Arbeit ganz unterschiedliche Menschen miteinander verbindet. Vom Urlaubsgast bis hin zu den Einheimischen, von Kindern bis zum Seniorenclub, Menschen mit christlichem, jüdischem, islamischem Hintergrund – alle sollen sich hier begegnen und gemeinsam über die Fragen unserer Zeit nachdenken, oder beim Kaffee angeregt miteinander reden können.“*

► *Weitere Gedenkorte in der Nähe*

Wer aus Hohenems in das nahe schweizerische Diepoldsau fährt, passiert die Staatsgrenze über die Brücke, die nach dem St. Galler Polizeikommandanten und lang verschmähten Fluchthelfer Paul Grüninger benannt ist. Zu ihr führt ein weiterer Ausflug in diesem Buch (→ S. 53).

Vertiefende Informationen

Jüdisches Museum Hohenems (www.jm-hohenems.at)

Haber, Esther (Hg.): Displacd Persons: Jüdische Flüchtlinge nach 1945 in Hohenems und Bregenz, 1998

Loewy, Hanno (Hg.): Heimat Diaspora. Das Jüdische Museum Hohenems, Hohenems 2008

Loewy, Hanno / Niedermair, Peter (Hg.): Hier – Gedächtnisorte in Vorarlberg 38–45, Hohenems 2008

Pichler, Meinrad: Nationalsozialismus in Vorarlberg. Opfer – Täter – Gegner. Innsbruck 2012

Freiburger Erinnerungsstätten an die Oktoberdeportation 1940 (17)

Hinweisschild am Platz der Alten Synagoge

Am 22. Oktober 1940 wurden mehr als 450 jüdische Bürgerinnen und Bürger aus Freiburg und Umgebung in das südfranzösische Internierungslager Gurs deportiert. Den Befehl gab die nationalsozialistische Gauleitung im Rahmen der sogenannten Wagner-Bürckel-Aktion. Viele der Deportierten kamen schon in Gurs durch Hunger und Krankheit um, die meisten wurden später im Vernichtungslager Auschwitz-Birkenau ermordet.

„Der Gau Baden ist judenrein"

In Freiburg lebte bei der Machtübergabe an die Nationalsozialisten im Jahr 1933 die viertgrößte jüdische Gemeinde Badens. Ihre 1138 Mitglieder waren in Handel und Gewerbe tätig, angestellt beschäftigt oder übten als ÄrztInnen, ApothekerInnen oder RechtsanwältInnen freie Berufe aus. Fünfzehn Prozent der Gemeindemitglieder waren als WissenschaftlerInnen oder Studierende an der Albert-Ludwigs-Universität Freiburg eingeschrieben, durften aber schon an der Inauguration des neuen Rektors Martin Heidegger am 27. Mai 1933 nicht mehr teilnehmen, der sich den Nazis willfährig als Nachfolger des erst im Dezember 1932 zum Rektor gewählten Demokraten Wilhelm von Möllendorff zur Verfügung gestellt hatte.

Sukzessive durch den Erlass der Nürnberger Rassengesetze im September 1935 und die nachfolgenden Verordnungen weiter entrechtet und nahezu jeder Einkommensmöglichkeit beraubt, verließen viele Freiburger Jüdinnen und Juden das Land. Wer bleiben wollte oder keine andere Wahl hatte, erlebte in den frühen Morgenstunden des 10. November 1938 während der Reichspogromnacht die Zerstörung des Gotteshauses: Gegen 3 Uhr legten Männer der örtlichen SS und SA Feuer in der Freiburger Synagoge. Die herbeigeholte Feuerwehr verhinderte ein Übergreifen der Flammen auf die Umgebung, durfte die brennende Synagoge selbst aber nicht löschen.

Knapp zwei Jahre nach den Novemberpogromen wurden am 22. Oktober 1940 über 450 völlig überraschte jüdische Frauen, Männer und Kinder in Freiburg und den Landgemeinden der Umgebung verhaftet und aufgefordert, sich innerhalb kürzester Zeit reisefertig zu machen. Polizeieinheiten trieben die Menschen zu Sammelplätzen, zum Beispiel am Annaplatz im Stadtteil Wiehre, und beförderten sie anschließend in Lastwagen zur Stühlinger Brücke (heute: Wiwilibrücke).

Im darunterliegenden Güterbahnhof standen Eisenbahnwaggons bereit zur Fahrt in das am Fuß der Pyrenäen liegende südfranzösische Internierungslager Gurs. Im Rahmen dieser sogenannten Wagner-Bürckel-Aktion wurden über 6000 jüdische Frauen, Männer und Kinder aus Baden und der Saarpfalz deportiert. Es war die erste derartige NS-Aktion gegen deutsche Juden und Jüdinnen im deutschen Reich überhaupt. Danach vermeldeten die verantwortlichen Gauleiter Robert Wagner (Baden) und Josef Bürckel (Saarpfalz), ihre Gaue seien nun „judenrein", die Deportationen reibungslos und ohne Zwischenfälle verlaufen.

Wo in Freiburg der Deportierten gedacht wird

Ein erstes Gedenkzeichen – wenn auch nicht für die Freiburger Opfer des Holocaust – wurde 1962 am Standort der 1938 zerstörten Synagoge gesetzt. Die Universität hatte Ende der 1950er-Jahre das aufgrund der zentralen Lage sehr wertvolle ehemalige Synagogengrundstück erworben und darauf das neue Kollegiengebäude II errichtet; das Grundstück gegenüber dem Stadttheater war nach dem Novemberpogrom 1938 in städtischen Besitz übergegangen. Am 10. November 1962, 24 Jahre nach der Zerstörung der Synagoge, enthüllte der Rektor der Universität eine in die Rasenfläche vor dem Kollegiengebäude eingelassene Bronzetafel: „Hier stand die Synagoge, erbaut 1870. Sie wurde am 10. November 1938 unter einer Herrschaft der Gewalt und des Unrechts zerstört".

An der in der Nähe des Freiburger Münsters 1987 fertiggestellten neuen Synagoge befindet sich eine Gedenktafel, mit der sich die Stadt Freiburg „mit Scham und Trauer" der am 22. Oktober 1940 nach Gurs deportierten Menschen erinnert.

Sehr prägnant, wenn auch wohl nur für Informierte verständlich, ist der gelbe Wegweiser in Form eines Straßenschildes, der die Entfernung nach Gurs mit 1027 Kilometer angibt. Im Jahr 2000 auf dem Platz der Alten Synagoge aufgestellt, ist es mittlerweile an einem Laternenpfahl angebracht.

Die Stühlinger Brücke, über die die Freiburger Jüdinnen und Juden ihre Fahrt in den Tod antraten, ist mittlerweile eine Fahrradbrücke und nach Freiburgs Partnerstadt Wiwili in Nicaragua benannt. Hier erinnert seit 2003 ein außergewöhnliches, wenn auch anfangs umstrittenes, bronzenes Mahnmal an die Deportationen von 1940: Ein in Eile vergessener Mantel mit einem (im Jahr 1940 noch nicht vorgeschriebenen) „Judenstern" symbolisiert den Abtransport der Freiburger Jüdinnen und Juden, eine Informationstafel daneben klärt über den historischen Hintergrund auf. Ganz in der Nähe, in der direkten Verlängerung der Brücke, steht seit dem Jahr 2006 auf dem Stühlinger Kirchplatz das Duplikat des Memorialsteins, der auf dem Gelände des zentralen Mahnmals für die deportierten Jüdinnen und Juden aus Baden in Neckarzimmern aufgestellt wurde.

Das Mahnmal Vergessener Mantel auf der Wiwilibrücke

Und auch am Annaplatz, einem der Orte, an denen die Menschen vor ihrer Deportation zusammengetrieben wurden, erinnert vor der kleinen Barockkirche eine Gedenktafel daran, dass von diesem Platz aus „vor aller Augen die Verschleppung der betroffenen Frauen, Männer und Kinder aus der Wiehre in das südfranzösische Konzentrationslager Gurs“ begann.

Das Wasserbecken auf dem Platz der alten Synagoge

Eine weitere Gedenkstätte befindet sich auf dem im Jahr 2017 neugestalteten Platz der Alten Synagoge: Ein Wasserbecken, das den Grundriss der Synagoge nachzeichnet, und in das nun die 1962 an dieser Stelle aufgestellte Bronzetafel eingelassen ist. Womit auch die Erinnerung daran bewahrt wird, wie in der Bundesrepublik jahrzehntelang mit der NS-Vergangenheit umgegangen wurde: Die Inschrift lässt Opfer unerwähnt, anonymisiert Täter und schreibt die Verantwortlichkeit einer abstrakten Gewaltherrschaft zu.

Der Brunnen auf dem Platz der Alten Synagoge

Allerdings ist das Wasserbecken stark umstritten: Für die einen stellt es eine würdige Gedenkstätte dar – für die anderen ist es ein „Schandbrunnen". Bereits der unvermutete Fund von Fundamentsteinen der 1938 zerstörten Synagoge während der Bauarbeiten und deren Nichteinbeziehung in die Gestaltung des Platzes hatte zu heftigen Kontroversen geführt. Dass aber dieser Wasserspiegel im Sommer als Planschbecken oder zum Kühlen von Bierflaschen und in den wasserlosen Wintermonaten Skateboard-Fahrern als Übungsstrecke dient, zeigte deutlich Nachbesserungsbedarf auf. Seit Ende 2020 ergänzt nun ein bronzenes Modell der alten Synagoge den Brunnen, um den ein bronzenes Zonierungsband gezogen ist, das dessen Charakter als Ort der Erinnerung deutlicher wahrnehmbar machen soll. Fundamentsteine der zerstörten Synagoge sollen zudem im zukünftigen NS-Dokumentations- und Informationszentrum im Rotteckhaus einen Platz finden.

Vertiefende Informationen

Steinbach, Peter et al. (Hg.): Entrechtet – verfolgt – vernichtet, NS-Geschichte und Erinnerungskultur im deutschen Südwesten, Stuttgart 2016

Wiehn, Erhard Roy: Camp de Gurs: zur Deportation der Juden aus Südwestdeutschland 1940, Konstanz 2010

Das Widerstands- und Deserteursdenkmal in Bregenz (18)

Das Widerstands- und Deserteursdenkmal am Bregenzer Sparkassenplatz

Nur einen Steinwurf entfernt vom Bregenzer Kornmarktplatz – nach dem „Anschluss" Österreichs 1938 als Adolf-Hitler-Platz zentraler Aufmarschplatz für NS-Propagandaveranstaltungen – wird seit dem Jahr 2015 auch Kriegsdienstverweigerern und Deserteuren gedacht. Noch Jahrzehnte nach Kriegsende vielfach als „Vaterlandsverräter" und „Feiglinge" gebrandmarkt, hatte das österreichische Parlament Deserteure der Wehrmacht und Opfer der NS-Justiz erst im Oktober 2009 (gegen die Stimmen der rechten FPÖ) rehabilitiert.

Hundert Namen stellvertretend für all jene, die sich dem NS-Regime entgegenstellten

Bald darauf wurde die Forderung nach einem Denkmal für die Vorarlberger Wehrmachtsdeserteure und Wehrdienstverweigerer laut. Forciert wurde dieses Vorhaben vor allem von den Bregenzer Grünen und der Johann-August-Malin-Gesellschaft, die vor Ort besonders aktiv an der Aufarbeitung der NS-Geschichte arbeitet.

Eine vom Bregenzer Bürgermeister eingesetzte Arbeitsgruppe legte allerdings fest, das Denkmal solle auch weiterer Opfer gedenken, solle an all *„jene Vorarlbergerinnen und*

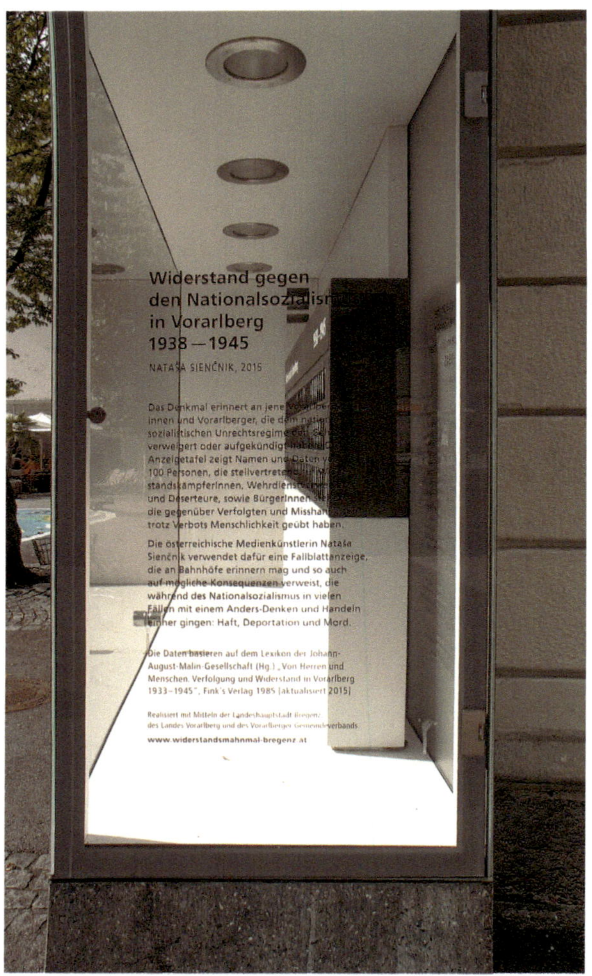

Vorarlberger erinnern, die dem nationalsozialistischen Unrechtsregime den Gehorsam verweigert oder aufgekündigt haben: im Besonderen an Wehrdienstverweigerer und Deserteure, an Widerstandskämpferinnen und Widerstandskämpfer und an Bürgerinnen und Bürger, die gegenüber Verfolgten und Misshandelten trotz Verbots Menschlichkeit geübt haben". Trotzdem ein gewaltiger Schritt für eine Stadt, in der es Jahre vorher noch nicht möglich war, die von Hannes Heer konzipierte Wehrmachtsausstellung zu zeigen.

Die junge Künstlerin Nataša Sienčnik konzipierte am Bregenzer Sparkassenplatz ein Denkmal, das die Tageszeitung „Standard" ein „Schaufenster der Zivilcourage" nannte: Früheren Abfahrtstafeln an Bahnhöfen und Flughäfen gleich, sind auf der elektronisch gesteuerten Faltblattanzeige in einer Endlosschleife die Namen und Daten (Delikt und Konsequenz) von 100 Frauen und Männern zu lesen, die stellvertretend für all jene stehen, die sich dem nationalsozialistischen Unrechtsregime entgegengestellt hatten. Hier finden sich Namen wie der von Arthur Sohm, der als Mitglied der Dornbirner „Aktionistischen Kampforganisation" 1944 im KZ Mauthausen starb, von Johann August Malin, der wegen „Wehrkraftzersetzung, der Vorbereitung zum Hochverrat sowie der Verbreitung von Lügennachrichten ausländischer Sender" 1942 in München-Stadelheim exekutiert wurde oder der von Provikar Carl Lampert, den die Nazis 1944 in Halle hingerichtet hatten.

Die Rede zur Einweihung des Denkmals am 14. November 2015 hielt die ungarische Philosophin Ágnes Heller, Überlebende des Holocaust und emeritierte Inhaberin des Hannah-Arendt-Lehrstuhls für Philosophie an der New School for Social Research in New York. Sie begann mit den Worten: „*In Brechts Drama Galilei klagt der erschütterte Galilei mit den folgenden Worten über seine Zeit: ‚Unglücklich sind die Zeiten, die keine Helden haben!' Worauf sein junger Freund antwortet: ‚Unglücklich sind die Zeiten, die Helden brauchen!' Dieses Mahnmal, dieses Denkmal spricht über Menschen, die in einer solchen Zeit lebten, die Helden brauchte, doch sehr wenig Helden hatte.*"

Ihre Rede beendete Ágnes Heller mit einer Mahnung an uns alle: „*Wir leben in glücklicheren Zeiten, in Zeiten, in denen man für Ehrlichkeit nicht mit dem Leben bezahlen muss. Doch die Bereitschaft dazu kann man auch heute lernen. Ein Mahnmal mahnt uns: Vielleicht, wer weiß, werden wir es noch brauchen.*“

▶ *Weitere Gedenkorte in der Nähe*

Eine der Gedenkstationen, hier für den katholischen Kriegsdienstverweigerer Ernst Volkmann (1902–1941) an der Kirche St. Gallus

Seit 2002 besteht in Bregenz ein Gedenkweg zu Widerstand und Verfolgung, der anlässlich des Bodenseekirchentags eingerichtet wurde. Der Weg umfasst neun Stationen und führt unter anderem in die Römerstraße 7, wo sich zwischen 1938 und 1945 das Grenzpolizeikommissariat Bregenz, das Gestapo-Hauptquartier für Vorarlberg, befand. Viele der hier „verhörten“ Menschen wurden danach von der Gestapo im Gefangenenhaus in der Bregenzer Oberstadt, einer weiteren Station des Gedenkwegs, inhaftiert, bevor sie in Konzentrations- oder sogenannte Arbeitserziehungslager weitertransportiert wurden. Von 1938 bis 1945 wurden dort circa 6000 Personen festgehalten. Nachweislich 115 Personen aus Vorarlberg wurden in ein Konzentrationslager deportiert. Mindestens 36 fanden dort den Tod. Von mindestens 80 Personen ist nachgewiesen, dass sie aus politischen Gründen entweder von Gerichten zum Tode verurteilt und hingerichtet, in Konzentrationslagern zu Tode gebracht, im Widerstand oder auf der Flucht getötet wurden oder sich der KZ-Einweisung durch Suizid entzogen haben. Einigen dieser Frauen und Männer sind weitere Stationen des Gedenkweges gewidmet

Vertiefende Informationen

Heller, Ágnes: Eine Welt, die Helden brauchte, Rede zur Enthüllung des Widerstandsmahnmals, Bregenz 2015 (www.widerstandsmahnmal-bregenz.at/downloads/Agnes-Heller--Eine-Welt-die-Helden-brauchte.pdf)

Widerstandsdenkmal Bregenz (www.widerstandsmahnmal-bregenz.at)

Broschüre Gedenkweg: Widerstand und Verfolgung in Bregenz 1938–1945 (https://www.bregenz.gv.at/fileadmin/user_upload/document/kultur/widerstandsmahnmal/Gedenkweg_Bregenz.pdf)

Johann-August-Malin-Gesellschaft – Historischer Verein für Vorarlberg (www.malingesellschaft.at)

Das KZ Natzweiler-Struthof – das einzige deutsche Konzentrationslager auf französischem Boden (19)

Der Haupteingang des Konzentrationslagers Natzweiler-Struthof

Die Entdeckung von seltenem rosa Granit, aus dem Hitlers Architekt Albert Speer in Berlin Monumentalbauten errichten wollte, war der Anlass für die Errichtung des KZ Natzweiler-Struthof im von den Deutschen annektierten Elsass. Dort mussten ab 1941 vor allem politisch verfolgte Nazigegner und Widerstandskämpfer aus vielen Ländern Europas Schwerstarbeit leisten. Struthof war Schauplatz von bestialischen pseudowissenschaftlichen Menschenversuchen und zentrale Exekutionsstätte der Region. Auch nach der Räumung des KZ im Herbst 1944 bestand es auf dem Papier als Stammlager für die zahlreichen Außenlager auf deutschem Boden – die meisten davon im heutigen Baden-Württemberg – fort.

Ein KZ für Hitlers Prachtbauten

Im September 1940 machte der Geologe und SS-Obersturmbannführer Karl Blumberg in den elsässischen Vogesen am Nordhang des Mont Louise in der Nähe des Wintersporthotels Struthof ein Vorkommen von seltenem rosa Granit ausfindig. Blumberg war bei den Deutschen Erd- und Steinwerken (DESt) angestellt, einem 1938 von Reichsführer SS Heinrich Himmler gegründeten SS-Betrieb, der vorrangig Baumaterial für Hitlers gigantische NS-Bauprojekte liefern sollte. Ein halbes Jahr später fällte Himmler die Entscheidung zur Errichtung des Konzentrationslagers, das im Elsass als „Le Struthof" bekannt war, in Deutschland unter dem Namen „KL Natzweiler" geführt wurde. Im Mai 1941 trafen die ersten 300 deutschen und österreichischen Häftlinge aus dem KZ Sachsenhausen ein. Sie wurden in einem Anbau des Hotels untergebracht. Ihre Aufgabe bestand zunächst darin, Wege und Straßen zu dem auf circa 800 Meter Höhe gelegenen Areal anzulegen, das steile Gelände zu terrassieren und die Baracken für das für 3000 Männer ausgelegte Lager aufzubauen. Mit einem Transport von 150 Häftlingen aus dem KZ Buchenwald trafen im Oktober 1941 die ersten Sinti und Roma in Natzweiler ein. Neben Zugangstransporten aus anderen Konzentrationslagern gab es ab Juni 1943 auch Einweisungen von „Nacht-und-Nebel-Häftlingen". Diese Bezeichnung ging auf den sogenannten Nacht-und-Nebel-Erlass vom 7. Dezember 1941 zurück, einen Befehl des Chefs des Oberkommandos der Wehrmacht, Wilhelm Keitel, wonach des Widerstands verdächtigte Menschen aus den besetzten Gebieten bei „Nacht und Nebel" nach Deutschland verschleppt werden sollten, ohne dass ihre Angehörigen darüber irgendwelche Auskünfte erhielten. Ihr spurloses Verschwinden sollte der Abschreckung dienen. In den Lagern waren sie besonderen Schikanen und schwersten Haftbedingungen ausgesetzt.

Die Häftlinge mussten in unterschiedlichsten Kommandos Schwerstarbeit leisten, wobei die mörderischsten Arbeiten immer mehr auch als Strafmaßnahmen wegen vermeintlicher oder tatsächlicher Verstöße gegen die Lagerordnung verhängt wurden. Neben der Arbeit im Steinbruch waren Kommandos zum weiteren Ausbau des KZ eingesetzt. Besonders gefürchtet war das „Kartoffelkeller-Kommando", bei dem die Häftlinge einen Teil des Berges zunächst nivellieren mussten, um danach – nur mit Hacke und Schaufel als Werkzeug – aus dem Felsen ein unterirdisches Silo auszuheben.

Der 1913 in Triest geborene Slowene Boris Pahor, Häftling 8362, hat diesen Terror überlebt; wegen seiner zufällig entdeckten Vielsprachigkeit kam er als Sekretär und Dolmetscher in der Krankenstation zum Einsatz. Er beschrieb, wie die Konvois jener aussahen, die von den Arbeitskommandos zurückkehrten: „*Ihre Beine waren mit Papierfetzen von Zementsäcken umwickelt, die mit Draht festgehalten wurden; als die Krankenpfleger sie loswickelten, klafften einem eitrige, lange, an beiden Enden zugespitzte Wunden entgegen* [...]. *Die Mehrheit konnte nicht aus eigener Kraft von den Lastwagen absteigen und wenn man sie auf den Boden stellte, hockten oder lagen sie so lange, bis jemand ihre Skelette unter die Dusche schleppte; für jene, die nicht mehr atmeten, gab es die ein Meter lange Zange, die an der gelben Haut des Halses zupackte.*" (Pahor, S. 24) In Natzweiler Erlebtes hat Pahor, nach der Befreiung einer der bekanntesten Vertreter der slowenischen Gegenwartsliteratur, in seiner Erzählung „Nekropolis" verarbeitet und jenen Mithäftlingen gewidmet, die nicht zurückkehrten.

Pseudowissenschaftliche Menschenversuche und Hinrichtungen

Im November 1942 begannen in Natzweiler pseudowissenschaftliche Versuche an Häftlingen. Im Rahmen einer Kooperation mit der medizinischen Fakultät der ein Jahr zuvor gegründeten Reichsuniversität Straßburg dienten überwiegend aus Auschwitz herbeigeschaffte Sinti und Roma den Professoren Otto Bickenbach, Eugen Haagen und August Hirt bei ihren Experimenten als menschliche „Versuchskaninchen". An ihnen wurde die

Gedenktafeln für die Opfer der Menschenversuche auf dem Gelände der Gaskammer

Wirkung von Senfgas und Phosgen erprobt; sie erhielten Flecktyphus-Injektionen und wurden Sterilisationsversuchen unterworfen. Die Folgen waren starke Verbrennungen, teilweise Blindheit und schwerste Lungen- und Organschädigungen. Wie viele Männer diese qualvollen Experimente nicht überlebten, ist heute nicht mehr exakt bezifferbar.

Einer der Schauplätze dieser „Forschungen" war die im April 1943 in einem Nebengebäude des ehemaligen Hotels Struthof eigens eingerichtete Gaskammer, die sogenannte G-Zelle. Im August 1943 wurden in ihr auch 86 Jüdinnen und Juden für den Aufbau der „Schädelsammlung" der Reichsuniversität Straßburg vergast. In einem bei Robert Steegmann zitierten Brief vom 9. Februar 1942 hatte Hirt diesen Plan Heinrich Himmler schmackhaft gemacht: *„Nahezu von allen Rassen und Völkern sind umfangreiche Schädelsammlungen vorhanden. Nur von den Juden stehen der Wissenschaft so wenig Schädel zur Verfügung, daß ihre Bearbeitung keine gesicherten Ergebnisse zuläßt. Der Krieg im Osten bietet uns jetzt Gelegenheit, diesem Mangel abzuhelfen. In den jüdisch-bolschewistischen Kommissaren, die ein widerliches, aber charakteristisches Untermenschentum verkörpern, haben wir die Möglichkeit, ein greifbares wissenschaftliches Dokument zu erwerben, indem wir uns ihre Schädel sichern."* (Steegmann, S. 426) Für das auch von Wolfram Sievers, dem Chef der SS-„Forschungsgemeinschaft Deutsches Ahnenerbe", unterstützte Projekt selektierten die beiden Anthropologen Bruno Beger und Hans Fleischhacker im KZ Auschwitz Frauen und Männer, die in einem unregistrierten Transport nach Natzweiler verfrachtet wurden. Nach der Befreiung Straßburgs wurden die zerstückelten Leichen der 29 Frauen und 57 Männer im Keller des Anatomischen Instituts gefunden. Der Kulturwissenschaftler Hans-Joachim

Der drei Meter hohe, elektrisch geladene Stacheldrahtzaun vereitelte jeden Fluchtversuch

Der Verbrennungsofen

Lang hat diese „Morde für die Wissenschaft“ erforscht und nach jahrelangen Recherchen die Namen und die Herkunft der 86 Mordopfer ermittelt. Über die Hälfte von ihnen stammte aus Griechenland, gehörte zu jenen über 45.000 Jüdinnen und Juden, die nach der deutschen Besetzung Griechenlands zwischen Mitte März und Mitte August 1943 aus Thessaloniki nach Auschwitz-Birkenau deportiert worden waren.

Seit 1942 fanden im Lager auch Hinrichtungen von externen, dort nicht inhaftierten Menschen statt. Das KZ wurde zum zentralen Hinrichtungsort für Elsass-Lothringen. So wurden etwa am 6. Juli 1944 vier junge Frauen, Andrée Borrel, Vera Leigh, Sonia Olschanezky und Diana Rowden, die im Widerstand für den britischen Nachrichtendienst SOE (Special Operations Executive) aktiv waren, mit Phenol-Spritzen ermordet. Und allein in der Nacht vom 1. auf den 2. September 1944 – unmittelbar vor der Räumung des Konzentrationslagers – wurden 142 Frauen und Männer der Widerstandgruppen „Réseau Alliance“ und „Groupe mobile Alsace Vosges“ erhängt oder durch Genickschüsse umgebracht.

Stammlager ohne Hauptlager – das doppelte Ende des KZ-Komplexes Natzweiler

Zwischen Ende 1942 und August 1944 errichtete das NS-Regime im Elsass, in Lothringen, im heutigen Bundesland Rheinland-Pfalz, in Hessen sowie in Württemberg, Hohenzollern und Baden viele Außenlager des KZ Natzweiler, darunter auch die Lager in Schörzingen (→ S. 129), Geislingen an der Steige (→ S. 137), Bisingen (→ S. 141) und Erzingen (→ S. 133). Wie auch im Hauptlager, das ab Mitte 1943 den ohnehin nie rentablen Granitabbau reduzierte und Häftlinge stattdessen für Rüstungsbelange einsetzte, wurden die Häftlinge in den Außenlagern unter erbärmlichsten Bedingungen für den Auf- oder Ausbau militärischer Einrichtungen und in „kriegswichtigen Industriebetrieben“ eingesetzt.

Anfang September 1944 erging aufgrund des raschen Vormarschs der Westalliierten der Befehl zur Räumung aller Lager auf der linken Rheinseite. Zu diesem Zeitpunkt befanden sich im total überfüllten Hauptlager über 6000 Häftlinge, die in das KZ Dachau überstellt wurden. Häftlinge der linksrheinischen Außenlager verschob man in die Außenlager der rechten Rheinseite oder andere große Konzentrationslager. Die Kommandantur blieb noch bis Ende November 1944 im Hauptlager und übersiedelte dann von Natzweiler in das Neckardorf Guttenbach. Finanzverwaltung und Effektenkammer waren in Binau und die Fahrbereitschaft in Neunkirchen untergebracht. Ab Anfang 1945 hatte das KZ Natzweiler schließlich keinerlei festen Sitz mehr – bestand also nur noch auf dem Papier verwaltungstechnisch als Stammlager für die Außenlager weiter. Darüber hinaus entstanden auch nach der Evakuierung des Hauptlagers noch zwanzig neue rechtsrheinische Außenlager, darunter auch das KZ Spaichingen (→ S. 151), das KZ Hailfingen-Tailfingen (→ S. 155) und das KZ Offenburg (→ S. 167).

Vor dem Eintreffen der westalliierten Truppen wurden die Außenlager Ende März / Anfang April 1945 aufgelöst und die Häftlinge nach Dachau transportiert oder dorthin zu Fuß auf Todesmärsche getrieben, die viele nicht überlebten. Schätzungsweise 52.000 Menschen waren zwischen 1941 und 1945 im Hauptlager und allen über 50 Außenlagern inhaftiert. Lückenhafte Verzeichnisse insbesondere ab September 1944 sowie häufige Häftlingsverschiebungen zwischen den Lagern erlauben noch immer keine präziseren Angaben.

Skulptur des Bildhauers Georges Halbout im Eingangsbereich des CERD

Gedenkstätte, Museum, Europäisches Zentrum des deportierten Widerstandskämpfers und transnationales Gedenken

Seit dem Jahr 1950 stehen das Gelände des Lagers sowie das Gebäude der ehemaligen Gaskammer unter Denkmalschutz; die meisten der mittlerweile verfallenen Baracken wurden allerdings später zum Abriss freigegeben. Oberhalb des Gräberfeldes, auf dem in verschiedensten Konzentrationslagern ermordete französische KZ-Häftlinge bestattet sind, weihte der damalige Staatspräsident Charles de Gaulle am 23. Juli 1960 das 40 Meter hohe nationale Deportationsdenkmal ein. 1965 wurde die Gedenkstätte um ein Museum erweitert, das eine Ausstellung zur Lagergeschichte beherbergt. Und seit dem Jahr 2005 dokumentiert das Europäische Zentrum des deportierten Widerstandskämpfers (Centre Européen du Résistant Déporté, CERD), in das auch der „Kartoffelkeller" einbezogen wurde, beeindruckend die Geschichte des europäischen Widerstands gegen das NS-Regime.

Eine Vielzahl von bürgerschaftlich getragenen Gedenkstätten und Gedenkstätteninitiativen in Baden-Württemberg, Rheinland-Pfalz und Hessen hat sich zum „Verbund der Gedenkstätten im ehemaligen KZ-Komplex Natzweiler e.V. (VGKN)" zusammengeschlossen, um ihre Zusammenarbeit besser organisieren und wirksamer gestalten zu können. Im Jahr 2018 wurde den baden-württembergischen Mitgliedern des VGKN zusammen mit dem CERD, der Gedenkstätte Fort de Metz-Queuleu und der Gedenkstätte Tunnel d'Urbès das Europäische Kulturerbe-Siegel verliehen. VGKN und CERD arbeiten darüber hinaus am gemeinsamen Transnationalen Portal Natzweiler und der Realisierung einer über 52.000 Datensätze umfassenden Häftlingsdatenbank.

Vertiefende Informationen

Brenneisen, Marco: Schlussstriche und lokale Erinnerungskulturen – Die „zweite Geschichte" der südwestdeutschen Außenlager des KZ Natzweiler seit 1945, Stuttgart 2020

Hervé, Florence (Hg.): Natzweiler-Struthof – Ein deutsches KZ in Frankreich, Köln 2015

Pahor, Boris: Nekropolis, Berlin 2001

Steegmann, Robert: Das Konzentrationslager Natzweiler-Struthof und seine Außenkommandos an Rhein und Neckar 1941–1945, Berlin 2005

Transnationales Portal der Gedenkstätten im ehemaligen KZ-Komplex Natzweiler (www.natzweiler.eu)

Verbund der KZ-Gedenkstätten im ehemaligen KZ-Komplex Natzweiler e.V. (http://vgkn.eu)

Europäisches Zentrum der Deportation und Widerstand Struthof (www.struthof.fr/de)

Die Namen der Nummern – Erinnerung an 86 jüdische Opfer eines Verbrechens von NS-Wissenschaftlern (www.die-namen-der-nummern.de)

Das KZ Radolfzell – ein Schießstand für die Waffen-SS (20)

Gedenkskulptur vor dem Areal der ehemaligen SS-Kaserne, auf dem sich heute das Radolfzeller Innovationszentrum (RIZ) befindet

„Die Flüsterstadt" nannte Gerd Zahner im Jahr 2009 sein Theaterstück über die NS-Vergangenheit der ehemaligen SS-Garnisonsstadt Radolfzell am Bodensee. Über zehn Jahre später muss nicht mehr hinter vorgehaltener Hand darüber gesprochen werden, dass es in Radolfzell ein Außenlager des Konzentrationslagers Dachau gab: Bürgerschaftliches Engagement hat lange Verdrängtes offengelegt und zur Schaffung zweier Gedenkstätten geführt.

Radolfzell als SS-Garnisonsstadt

Als die SS im Süden Deutschlands nach einem Standort für den Bau einer neuen Kaserne suchte, bewarb sich auch Radolfzell. Die Stadt stellte die Schenkung von 55 Hektar ihrer Gemarkungsfläche in Aussicht und bekam den Zuschlag. Nach zweijähriger Bauphase bezog das III. Bataillon der SS-Standarte „Germania" – eine jener Truppen, die zu Hitlers besonderer Verfügung aufgestellt wurden und zusammen mit anderen SS-Verbänden später den Kern der Waffen-SS bildeten – unter Führung von Sturmbannführer Heinrich Koeppen (1890–1939) mit etwa 800 Mann und 90 Pferden am 31. Juli 1937 die neue Kaserne. Radolfzell war SS-Garnisonsstadt.

Historisches Foto der Heinrich-Koeppen-Kaserne (um 1939)

Darüber geriet der in Gaienhofen lebende Schriftsteller Ludwig Finckh (1876–1964) auch noch im vierten Kriegsjahr, in der 2. Auflage seines Buches „Die kleine Stadt am Bodensee“, geradezu in Verzückung: *„Die Zeiten der alten Hegauer Ritter waren versunken, Waffengeklirr und Geschützdonner verstummt. Unseren Tagen blieb es vorbehalten, der kleinen Stadt wieder soldatischen Atem einzuhauchen. Im Sommer 1937 war, wie aus dem Boden gewachsen, ein großer Hof mit hohen, schlichten Gebäuden umgeben, und mit einem Bataillon der SS / Germania bevölkert. Was für ein frischfröhliches Leben im alten Radolfzell! Ein Freundschaftsbund wurde geschlossen, erst in Scherz und Freude und Arbeit, Handel und Wandel blühten auf; die Seele der Kameradschaft war der Kommandeur der SS, Obersturmbannführer Koeppen – auf der anderen Seite der allzeit bereite und tatkräftige Vater der Stadt, Bürgermeister Jöhle.* [...]. *Auch im nahen Hegau sind neue Ritter auferstanden aus dem urkräftigen Mutterboden der Vulkanberge* [...]*: Sieben Ritterkreuzträger des Eisernen Kreuzes* [...], *– kaum irgendwo im Deutschen Reich ist auf so schmalem Raum soviel Heldentum zusammengedrängt.*“

Dieses von Ludwig Finckh so hochgelobte Bataillon der Radolfzeller SS-Standarte „Germania“, das unter anderem am „Anschluss“ Österreichs und der Besetzung des Sudetenlandes beteiligt war, hatte auch maßgeblichen Anteil an allen „Vergeltungsaktionen“ im Rahmen der Novemberpogrome 1938 gegen die jüdischen Gemeinden von Konstanz und auf der Höri. So sprengte einer ihrer Pionierzüge am Morgen des 10. November 1938 die zwar in Brand gesetzte, aber nicht zerstörte Konstanzer Synagoge. Auch die – von schweren Misshandlungen an der jüdischen Bevölkerung begleiteten – Sprengungen der Synagogen in Gailingen (→ S. 57), Randegg und Wangen wurden von Einheiten der „Germania“ verübt.

Dennoch ehrt noch heute die Stadt Radolfzell Koeppen und viele weitere SS-Täter am martialischen Kriegerdenkmal auf dem Luisenplatz als „Opfer der Gewaltherrschaft“ – was auch die nachträglich aufgestellten Erläuterungstafeln nicht ändern.

Ein KZ-Außenlager zum Bau des SS-Schießstandes

Nachdem das III. Bataillon der SS-Standarte „Germania“ Radolfzell am 18. August 1939 verließ, um sich am Überfall auf Polen zu beteiligen, belegten unterschiedliche SS-Einheiten das Kasernenareal, das nach Koeppens Tod im September 1939 nach ihm benannt wurde. Ihren Standort hatte dort 1939/40 auch das SS-Totenkopf-Infanterie-Ersatz-Bataillon I, das – zusammen mit Konstanzer Gestapo und lokaler Ordnungspolizei – am 22. Oktober 1940 die Jüdinnen und Juden der Region zu den Bahnhöfen trieb, von denen aus sie ins südfranzösische Lager Gurs deportiert wurden.

Mitte Februar 1941 wurde in der Kaserne die Waffen-SS-Unterführerschule Radolfzell (USR) eingerichtet, an der der auf Rassenhygiene und Rassenreinheit schwörende Hitlerfreund Ludwig Finckh oft als Vortragsredner für „weltanschauliche Erziehung“ auftrat. Wenig später entstand für die Belange der USR dort auch ein Außenlager des Konzentrationslagers Dachau: Zum Weiterbau eines Großkaliberschießstands am nordöstlichen Ortsrand brachte am 19. Mai 1941 ein Eisenbahntransport 113 deutsche, polnische und tschechische Häftlinge aus dem KZ Dachau nach Radolfzell.

Untergebracht waren die mindestens 120 namentlich nachweisbaren Häftlinge, die das KZ-Außenkommando bei wechselnder Belegstärke durchliefen, im ehemaligen Pferdestall der Heinrich-Koeppen-Kaserne. Neben der menschenunwürdigen Unterbringung gehörten Hunger und schlechte medizinische Versorgung ebenso zum Alltag der Häftlinge wie die schikanöse Behandlung durch das prügelnde SS-Wachpersonal unter dem ersten Lagerkommandanten SS-Hauptscharführer Josef Seuß, der später im Dachauer Hauptprozess zum Tode verurteilt und 1946 hingerichtet wurde. Mindestens zwei KZ-Häftlinge, Jacob Dörr (1916–1941) und Fritz Klose (1904–1943), wurden in Radolfzell vom SS-Wachpersonal ermordet. Weitere Gefangene sollen bei oder nach Fluchtversuchen getötet worden sein. Zwei Männer aber konnten fliehen: Am 15. November 1943 gelang es Leonhard Oesterle und seinem tschechischen Mithäftling Oldrich Sedlácek, das Gelände zu verlassen und sich mit einem Boot ans Schweizer Bodenseeufer zu retten. Sedlácek, der als Mitglied der tschechischen Exilarmee 1940 der Gestapo in die Hände gefallen und nach Dachau deportiert worden war, starb 1949 im Alter von nur 29 Jahren an Tuberkolose.

Leonhard Oesterle, der zusammen mit anderen jungen Leuten der Stuttgarter „Gruppe G“ um Hans Gasparitsch am 14. Oktober 1936 wegen „Vorbereitung zum Hochverrat“ zu fünf Jahren Zuchthaus mit anschließender „Schutzhaft“ verurteilt worden war, weil er Flugblätter verteilt und Anti-Hitler-Parolen an Wände und Denkmäler gemalt hatte, wurde nach seiner geglückten Flucht Bildhauer (eine seiner Bronze-Skulpturen steht im Garten der Radolfzeller Villa Bosch) und wanderte 1956 nach Kanada aus. Dass in Radolfzell Gedenkstätten errichtet wurden, die an das ehemalige KZ-Außenlager und die Leiden der dort eingesetzten Häftlinge erinnern, hat Leonhard Oesterle nicht mehr erlebt. Er starb am 7. November 2009 in Toronto.

Informationstafel am ehemaligen SS-Schießstand

Von der „Flüsterstadt" zum Ort anerkannter Gedenkstätten

Als Erstes brachte eine private Initiative im Jahr 2010 in einem der Kurzbahn-Kugelfänge des ehemaligen SS-Schießstands eine Gedenktafel an. Mit ihr wurde lang unter den Teppich Gekehrtes ans Licht gebracht: „113 Häftlinge des KZ Dachau, Außenlager Radolfzell, wurden hier 1941 und 1942 geschunden. Unter unmenschlichen Bedingungen wurden sie gezwungen, die Schießanlage der SS fertigzustellen". Wie nötig es war, dieses Kapitel der Radolfzeller Geschichte endlich offen anzusprechen, zeigt das Zitat des ehemaligen Häftlings Leonhard Oesterle: *„Ich war enttäuscht darüber, wie wenig man von uns wissen wollte."* Ein paar Meter weiter wurde am 16. November 2012 im Rahmen einer offiziellen Gedenkveranstaltung eine Informationstafel am ehemaligen SS-Schießstand der Öffentlichkeit übergeben.

Und seit September 2013 steht vor dem Areal der ehemaligen SS-Kaserne, auf dem sich heute das Radolfzeller Innovationszentrum (RIZ) befindet, die vom Pforzheimer Künstler René Dantes geschaffene Gedenkskulptur, die auf vier Informationstafeln darüber Auskunft gibt, was hier während der NS-Zeit geschah. Beide Gedenkorte sind seit 2014 vom Land Baden-Württemberg offiziell als „Gedenkstätten" anerkannt.

Übrigens: Nach Ludwig Finckh, der sich so begeistert über die vermeintlichen Heldentaten der SS geäußert hatte, ist noch immer ein Wanderweg des Schwarzwaldvereins benannt.

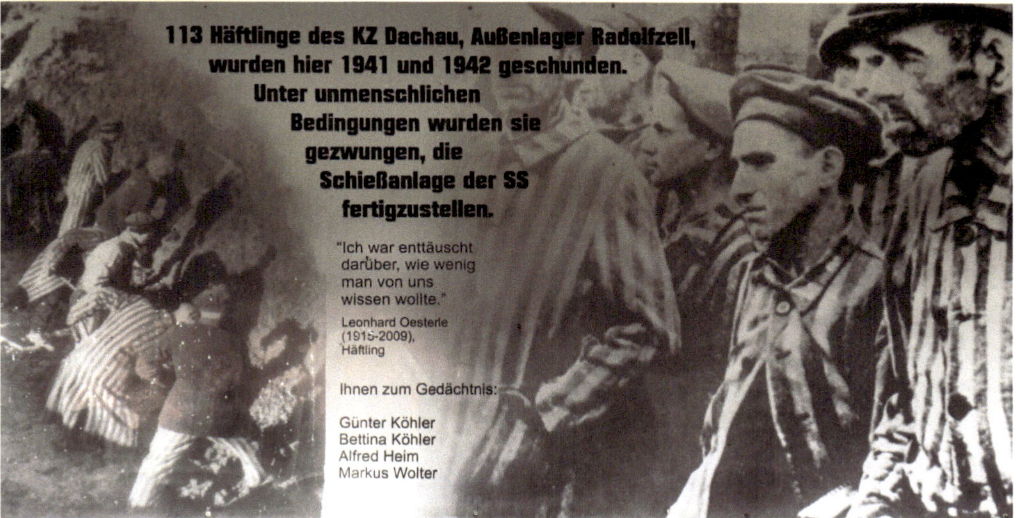

Gedenktafel in einem der Kurzbahn-Kugelfänge des ehemaligen SS-Schießstands

Vertiefende Informationen

Radolfzell zur NS-Zeit (https://radolfzell-ns-geschichte.von-unten.org)
Radolfzeller Stadtchronik: Wolter, Markus: „Die SS-Garnison Radolfzell 1937–1945" (www.radolfzell.de/addmindms/document/1004/02e7a8b6-c03c-8b78-a7ec-06252a3860ac/Kapitel_9_Markus_Wolter_beschn.pdf?fdl=1)
Zahner, Gerd: Die Flüsterstadt (https://www.gerdzahner.de/die-flüsterstadt)

Der Stuttgarter Deportationsbahnhof (21)

Am Eingang zur Gedenkstätte: die Listung der Deportationen aus Stuttgart mit Datum und Zielort

Ende November 1941 begann die Deportation von Jüdinnen und Juden aus ganz Württemberg und Hohenzollern. Am 1. Dezember 1941 verließ der erste Zug mit über 1000 Männern, Frauen und Kindern den Stuttgarter Nordbahnhof in Richtung Riga; sie waren vorher im Sammellager auf dem Gelände der Reichsgartenschau auf dem Killesberg zusammengetrieben worden. Für fast alle war es eine Reise in den Tod. Weitere Deportationen folgten: Mehr als 2500 Menschen jüdischer Herkunft und 260 Sinti und Roma wurden vom Nordbahnhof in die Konzentrationslager Izbica, Auschwitz und Theresienstadt transportiert.

Die erste Deportation württembergischer Jüdinnen und Juden nach Riga

Erfolgte die Deportation der badischen Jüdinnen und Juden im Oktober 1940 noch in das südfranzösische Internierungslager Gurs, gab es nach dem Überfall auf die Sowjetunion im Juni 1941 „Platz im Osten“. Überall im Reich wurden nun Maßnahmen zur „Endlösung der Judenfrage“ eingeleitet. In Stuttgart ließ der Leiter der Geheimen Staatspolizei, Friedrich Mußgay (1892–1946), auf dem Gelände der Reichsgartenschau von 1939 auf dem Killesberg die „Ehrenhalle des Reichsnährstands“ als Sammellager einrichten. Danach informierte er am 18. November 1941 die Landräte über die bevorstehende Deportation Württemberger Jüdinnen und Juden nach Riga „im Rahmen der gesamteuropäischen Entjudung“. Für diese erste Deportation, die noch als „Umsiedlung“ getarnt war, mussten die jüdischen Gemeinden selbst an der Auswahl der 1000 zu deportierenden Frauen, Männer und Kinder mitwirken und sie auch benachrichtigen. Mußgay hatte genaue Vorgaben erlassen, wie viel und welches Gepäck mitgenommen werden durfte und die Mitnahme von Wertgegenständen unterbunden. Die Fahrtkosten für ihre „Umsiedlung“ in Höhe von 57,65 Reichsmark pro Person mussten die Betroffenen selber zahlen.

Die Menschen, die aus ganz Württemberg ab dem 27. November 1941 unter Polizeibegleitung auf den Killesberg verschleppt worden waren, verbrachten im dortigen Sammellager zunächst einige Tage unter beengten und vollkommen unzureichenden Bedingungen; am Morgen des 1. Dezember 1941 wurden sie dann zum Nordbahnhof gebracht. Die viertägige Bahnfahrt endete im lettischen Riga, wo einige der Deportierten sofort nach der Ankunft erschossen wurden. Andere kamen in das soeben durch Mordkommandos geräumte sogenannte Reichsjudenghetto. Die meisten wurden zur Zwangsarbeit in das circa 12 Kilometer vom Stadtzentrum entfernte Lager Jungfernhof verschleppt. Dort starben sie in Scheunen und Ställen bei Minustemperaturen von 30 bis 40 Grad an Entbehrungen und Krankheit oder fielen Massakern zum Opfer. Von den tausend Deportierten dieses ersten Transports erlebten weniger als fünfzig das Ende des NS-Regimes.

Weitere Transporte nach Izbica, Auschwitz und Theresienstadt

Ein zweiter Deportationszug, diesmal nach Izbica im polnischen Distrikt Lublin, verließ den Stuttgarter Nordbahnhof am 26. April 1942. Unter den mehr als 400 Jüdinnen und Juden dieses Transports befanden sich ungefähr 75 Menschen aus Baden, darunter auch einige Ältere aus Konstanz, die 1940 der Deportation nach Gurs entgangen waren. Sie alle wurden ermordet: Izbica diente lediglich als Durchgangsstation in die Vernichtungslager Belzec, Sobibor und Majdanek.

Auch von 49 Menschen, die am 13. Juli 1942 über München direkt nach Auschwitz deportiert wurden, überlebte keiner. Einen Monat später erfolgte der erste Transport in das Ghetto Theresienstadt: Über tausend Menschen, unter ihnen auch ehemalige jüdische Frontsoldaten, die im Ersten Weltkrieg eine Auszeichnung erhalten hatten, wurden am 22. August 1942 dorthin verschleppt. Die damals siebenjährige Inge Auerbacher gehört zu den ungefähr 50 Überlebenden dieses Transports und schreibt in ihrer Autobiografie „Ich bin ein Stern“ von der schrecklichen Zeit im Lager, von der Verzweiflung und ihrer ständigen Angst.

Im Jahr 1943 erfolgte zunächst die Deportation von weiteren 35 Jüdinnen und Juden nach Auschwitz. Mit demselben Ziel verließ Mitte März der erste von fünf „Zigeuner-Transporten“ mit 260 Sinti und Roma aus ganz Württemberg und Hohenzollern den Nordbahnhof. Unter ihnen befanden sich auch einige Sinti-Familien aus dem Ravensburger Ummenwinkel (→ S. 125). Weitere Deportationen folgten am 17. April 1943 nach Theresienstadt, am 17. Juni 1943 nach Auschwitz und am 11. Januar 1944 nach Theresienstadt. Ein letzter Transport nach Theresienstadt verließ Stuttgart am 12. Februar 1945 mit circa 160 „Mischehepartnern“. Insgesamt wurden mehr als 2500 Menschen jüdischer

Herkunft und 260 Sinti und Roma vom Stuttgarter Nordbahnhof in die Konzentrations- und Vernichtungslager verschleppt.

Gedenkstätten auf dem Killesberg und am Nordbahnhof

Der Killesberg-Park war bis in die 1930er-Jahre ein Steinbruch-Gelände, das für die am 22. April 1939 eröffnete 3. Reichsgartenschau aufwändig umgestaltet wurde. Nur wenige Jahre nach dem Zusammenbruch des NS-Regimes fand hier 1950 wieder eine Landesgartenschau und 1961 eine Bundesgartenschau statt. Die Gebäude, die als Sammellager für die Deportationen genutzt wurden, waren während des Krieges zerstört worden, so dass nichts mehr an die schreckliche Vergangenheit erinnerte. Promenieren durch malerisch angelegte Blumenpracht sollte nicht durch verstörende Erinnerungszeichen gestört werden. So dauerte es einige Jahre, bis nach kontrovers geführten Debatten im Juni 1962 ein kleiner Gedenkstein am Standort der ehemaligen „Ehrenhalle des Reichsnährstands" im Park aufgestellt werden konnte. Der Text auf dem Stein ist denn auch äußerst vage gehalten: „Zum Gedenken an die mehr als 2000 jüdischen Mitbürger, die während der Zeit des Unheils in den Jahren 1941 und 1942 von hier aus ihren Leidensweg in die Konzentrationslager und in den Tod antraten." Seit 1989 finden hier jeweils am Jahrestag der ersten Deportation Gedenkfeiern statt.

Seit dem 26. April 2013, dem 71. Jahrestag der 2. Deportation, ist der Gedenkstein Teil des von der Künstlerin Ülkü Süngün geschaffenen „Erinnerungskörpers": Ein in den Boden eingelassener kreisförmiger Stahlring markiert genau die Fläche, die jene 2000 deportierten jüdischen Menschen Schulter an Schulter stehend eingenommen hätten, von denen auf dem Gedenkstein von 1962 die Rede ist. Auf zwei auf den Kreismittelpunkt ausgerichteten Betonstelen stehen Informationen zu den historischen Hintergründen; ein Lageplan weist auch den Weg zur Gedenkstätte am Nordbahnhof, die durch den Pragfriedhof erreicht werden kann.

Eine der Informationsstelen des „Erinnerungskörpers" im Höhenpark Killesberg

Auf Initiative der Stuttgarter Stiftung Geißstraße 7 und des Infoladen Stuttgart 21 entstand im Jahr 2001

Der Eingang der Gedenkstätte

Die Wand der Namen

das Projekt „Zeichen der Erinnerung“. Ziel der InitiantInnen war es, die Geschichte des Nordbahnhofs aufzuarbeiten und im Bewusstsein zu halten. Im Juni 2006 konnte die eindrucksvolle Gedenkstätte, deren Träger der gleichnamige gemeinnützige Verein ist, der Öffentlichkeit übergeben werden: Die fünf Gleise, über die die Züge Stuttgart verließen, werden von einer langen Mauer begrenzt, auf der die bisher bekannten Namen der Deportierten festgehalten sind; am Kopfende der Gleisanlage befindet sich eine weitere, überdachte Wand mit Informationstafeln über die Verfolgungsmaßnahmen vor Ort.

Im Jahr 2000 war bereits die Straße, an der heute die Gedenkstätte liegt, nach dem Stuttgarter Stadtpfarrer und Vizepräsidenten der Deutschen Friedensgesellschaft Otto Umfrid (1857–1920) benannt worden, dessen friedenspolitisches Engagement bis dahin weitgehend in Vergessenheit geraten war.

▶ *Weitere Gedenkorte in der Nähe*

In diesem Buch führen weitere Ausflüge zur Stuttgarter Gedenkstätte für die junge Widerstandskämpferin Lilo Herrmann (→ S. 41) und zum Stuttgarter Landgericht, in deren Lichthof die Guillotine für viele aktive Nazi-GegnerInnen stand (→ S. 23). Von den vielen NS-Gedenkorten, die es darüber hinaus in der Stadt gibt, widmet sich das Hotel Silber, die einstige Zentrale der Gestapo für Württemberg und Hohenzollern, als Museum und Lernort den Themen Täter und ihre Opfer, der Institution Polizei und ihrer Rolle in den politischen Systemen mehrerer Jahrzehnte: www.geschichtsort-hotel-silber.de

Vertiefende Informationen

Abmayr, Hermann G. (Hg.): Stuttgarter NS-Täter – Vom Mitläufer bis zum Massenmörder, 2. Auflage, Stuttgart 2009

Auerbacher, Inge: Ich bin ein Stern, Weinheim 2006

Landeszentrale für politische Bildung Baden-Württemberg (Hg.): „Evakuiert“ und „Unbekannt verzogen“ – Die Deportation der Juden aus Württemberg und Hohenzollern 1941 bis 1945, Stuttgart 2008 (www.gedenkstaetten-bw.de/fileadmin/lpb_hauptportal/pdf/bausteine_materialien/MATERIALIEN_Evakuiert_2008.pdf)

Zeichen der Erinnerung (www.zeichen-der-erinnerung.org)

Das „Gräberfeld X" in Tübingen – Massengrab für NS-Opfer, deren Leichen als Forschungsmaterial dienten (22)

Das „Gräberfeld X"

Im „Gräberfeld X", einem Massengrab auf dem Tübinger Stadtfriedhof, wurden zwischen 1933 und 1945 die Überreste von circa 1100 Menschen verscharrt, nachdem sie zuvor im Anatomischen Institut der Universität bei Präparierkursen, Chirurgischen Operationskursen und als Sammlungspräparate zur anatomischen Ausbildung künftiger Mediziner gedient hatten. Über die Hälfte der Toten waren Opfer der NS-Gewaltherrschaft, darunter viele aktive Regime-GegnerInnen.

Endstation im nationalsozialistischen Vernichtungsprogramm

Von 1849 bis 1963 diente das Areal in der südöstlichen Ecke des Stadtfriedhofs als Abteilung für Tote, die der Anatomie der Universität zu Forschungs- und Lehrzwecken gedient hatten, vor allem SelbstmörderInnen und Hingerichtete, aber auch sogenannte Armenleichen, bei denen die Beerdigungskosten öffentliche Stellen hätten zahlen müssen. Unter dem Nazi-Regime entwickelte sich das „Gräberfeld X" zu einer diskreten Entsorgungsstelle von NS-Opfern.

„Jahrzehntelang hatten sich die Tübinger Anatomen Sorgen um eine ausreichende Lieferung von Leichen gemacht. Nach 1933 war dieses Problem gelöst. Bedenkenlos akzeptierten die Wis-

senschaftler, dass sie ihren plötzlichen Überschuss an Lehr- und Forschungsmaterial Gewaltakten des NS-Regimes zu verdanken hatten", konstatierte die Historikerin Benigna Schönhagen (Schönhagen o.J., S. 3). Über die Hälfte der Leichen, die die Nazis dem Anatomischen Institut der Universität zur Verfügung stellten, waren nach bisherigem Kenntnisstand Opfer des Regimes. Sie starben – erschossen, geköpft, erschlagen, verhungert oder durch Arbeit vernichtet – in Kriegsgefangenenlagern und -lazaretten, in Gefängnissen, Landesfürsorge- und Heilanstalten, in Arbeitserziehungslagern und Folterzellen der Gestapo.

Zwischen 1942 und August 1944 bezog die Tübinger Anatomie darüber hinaus 81 Leichen von Menschen, die im Lichthof des Stuttgarter Justizgebäudes, der zentralen Hinrichtungsstätte im deutschen Südwesten, enthauptet worden waren (→ S. 23). Vom NS-Volksgerichtshof, einem der NS-Sondergerichte oder dem Strafsenat des Oberlandesgerichts (OLG) Stuttgart zum Tode verurteilt, starben sie dort unter dem Fallbeil.

Darunter waren Menschen wie Eugen Sigrist und Daniel Seizinger, die in der Mannheimer Widerstandsgruppe um den ehemaligen badischen KPD-Landtagsabgeordneten Georg Lechleiter aktiv gewesen waren und denen das Verteilen einer oppositionellen Untergrundzeitung zum Verhängnis geworden war. Auch Menschen wie der Arbeiter Leo Bohnenstengel gehörten dazu, der vom Strafsenat des OLG Stuttgart unter dem Vorsitz von Hermann Cuhorst am 27. November 1941 in Konstanz wegen Zersetzung der Wehrkraft, Vorbereitung zum Hochverrat und Rundfunkverbrechens zum Tode verurteilt worden war, obwohl die Anklage gegen ihn allein auf der Denunziation eines Soldaten gründete. Oder Menschen wie Georg Viktor Kunz, der im Elsass Widerstand gegen die deutschen Besatzer organisierte. Vom Volksgerichtshof unter Vorsitz von Roland Freisler wegen Vorbereitung zum Hochverrat verurteilt, starb auch er am 17. August 1943 unter dem Fallbeil.

Umgang mit einem der Orte, die die Verflechtung der Universität mit der nationalsozialistischen Vernichtungspolitik aufzeigen

Nach dem Zusammenbruch des NS-Regimes waren Mitglieder der Vereinigung der Verfolgten des Naziregimes (VVN) die Einzigen, die sich für eine Gedenkstätte am „Gräberfeld X" einsetzten. Ihrem Drängen ist es zu verdanken, dass die Stadt Tübingen 1952 ein Gedenkzeichen an diesem Massengrab errichten ließ. Wenn auch dessen unverbindliche Gestaltung – drei Steinkreuze nach dem Vorbild des Volksbunds Deutsche Kriegsgräberfürsorge, darauf die Zahlen „1939–1945" – keinen Aufschluss darüber gibt, wer in diesem Gräberfeld bestattet wurde und jeden Verweis auf die Herrschaft des Nationalsozialismus ausspart. Überaus vage ist auch die Inschrift der Gedenkplatte, die seit 1960 vor den drei Kreuzen liegt: „Hier ruhen einige hundert Menschen verschiedener Völker, die in Lagern und Anstalten unseres Landes einen gewaltsamen Tod fanden".

An jedem Volkstrauertag wurde zwar dort ebenso ein Kranz niedergelegt wie an den Kriegerdenkmalen, ansonsten geriet das „Gräberfeld X" aber weitgehend in Vergessenheit. Ganz im Sinne von Stadtverwaltung und Universitätsleitung, die von lang anhaltenden Amtskontinuitäten geprägt waren. Das änderte sich erst, als Mitglieder der VVN-BdA im Februar 1980 eine im Rahmen von grabpflegerischen Maßnahmen achtlos stehen gelassene Planierraupe entdeckten und eine spontane Mahnwache organisierten. „Lässt die Stadt Tübingen Massengrab von Opfern des Faschismus einebnen?", stand auf ihrem Flugblatt.

Informationstafel und Gedenkbuch vor dem „Gräberfeld X"

Begleitet von einer breiten öffentlichen Diskussion beschloss der Gemeinderat im Juni 1980 daraufhin, sechs Bodenplatten mit den Namen der – damals bekannten – 518 NS-Opfer anzubringen. Die Fragen nach den politischen Vorgängen, die zu ihrem Tod geführt haben, nach den persönlichen Schicksalen, die sich hinter diesen Namen verbergen, sowie nach der Verflechtung der Universität mit der nationalsozialistischen Vernichtungspolitik blieben damit allerdings noch immer unbeantwortet.

Aber zum 40. Jahrestag des Kriegsendes 1985 bezog die Stadt Tübingen erstmals das Massengrab in das offizielle Gedenken mit ein und beauftragte anschließend die Historikerin Benigna Schönhagen mit der wissenschaftlichen Untersuchung des „Gräberfelds X". Ihre 1987 veröffentlichte Studie und die daraus resultierende breite öffentliche Diskussion zwang die Universität zur Überprüfung sämtlicher anatomischer Sammlungen: Funde, bei denen nicht ausgeschlossen werden konnte, dass es sich bei ihnen um Überreste von Gewaltopfern des nationalsozialistischen Regimes handelt, wurden im Juli 1990 auf dem Gräberfeld bestattet; zudem brachte man eine Gedenktafel an.

Schönhagens Studie diente auch als Grundlage für die Texte der Informationstafel, die seit 1993 am Eingang zum „Gräberfeld X" steht. Damit wurde an dieser Gedenkstätte erstmals der Zusammenhang der dort bestatteten Opfer mit Forschung und Lehre des anatomischen Instituts hergestellt.

„Wir wollen diesen Menschen ihre Lebensgeschichte und ihren Namen zurückgeben"

Knapp dreißig Jahre später steht eine wissenschaftliche Aufarbeitung auf Basis mittlerweile zugänglicher Quellen aber nach wie vor aus. Erst im Juni 2019 wurde die Gedenkstätte um ein zunächst provisorisches Gedenkbuch erweitert. Es nennt bisher identifizierte vergessene Opfer und korrigiert falsch geschriebene Namen. Ein im Januar 2020 gestartetes gemeinsames Forschungsprojekt von Stadt und Universität Tübingen unter der wissenschaftlichen Leitung von Benigna Schönhagen soll die Geschichte des „Gräberfeldes X" weiter aufarbeiten und die Schicksale der dort bestatteten Menschen ergründen. Auf der Homepage des Projektes, die laufend um neue Forschungsergebnisse erweitert wird, ist das Ziel klar definiert: „Wir wollen diesen Menschen ihre Lebensgeschichte und ihren Namen zurückgeben – soweit die Quellen dies zulassen".

▶ *Weitere Gedenkorte in der Nähe*

In Tübingen, das schon vor 1933 eine regionale Hochburg des Nationalsozialismus war, erinnern heute nur noch wenige Spuren an das NS-Regime. Dennoch ist „Tübingen im Nationalsozialismus" an sehr vielen Stellen im Stadtbild präsent, seit auf Initiative der Ge-

Die Station des Tübinger Geschichtspfades vor der Nervenklinik

schichtswerkstadt Tübingen e.V. am 8. Mai 2016 der „Geschichtspfad zum Nationalsozialismus“ eingeweiht wurde. Der Geschichtspfad besteht aus 16 Stationen. An jeder Station – unter anderem am Schloss, vor dem Rathaus, an der Nervenklinik, vor der neuen Aula der Universität, am Synagogenplatz und an der Jugendherberge, die 1934 als Hauptsitz der Tübinger Hitlerjugend erbaut wurde – informiert eine markante Stahlstele über die Geschichte des jeweiligen Ortes. Er stellt Opfergruppen vor, Jüdinnen und Juden, politische GegnerInnen, ZwangsarbeiterInnen sowie Frauen und Männer, die von den Nationalsozialisten zwangssterilisiert wurden. Er informiert über nationalsozialistische Täter wie den Tübinger Theodor Dannecker, der als „Judenreferent“ Adolf Eichmanns einer der wichtigsten Organisatoren der planmäßigen Ermordung der Jüdinnen und Juden in Europa war, und stellt die Ereignisse in Tübingen während der NS-Diktatur in einen größeren historischen Zusammenhang. Über einen QR-Code können an jeder der Stationen viele weitere Informationen abgerufen werden. Alles Wissenswerte über diesen NS-Geschichtspfad, der hoffentlich weiteren Orten in Baden-Württemberg als Anregung dient, findet sich unter: www.geschichtswerkstatt-tuebingen.de/geschichtspfad-zum-nationalsozialismus

Vertiefende Informationen

Projekthomepage des Gräberfeld X (https://graeberfeldx.de)
Schönhagen, Benigna: Das Gräberfeld X. Eine Dokumentation über NS-Opfer auf dem Tübinger Stadtfriedhof, Tübingen 1987
Schönhagen, Benigna: Gräberfeld X auf dem Tübinger Stadtfriedhof, Stuttgart o.J. (www.landeskunde-baden-wuerttemberg.de/fileadmin/gedenkstaetten/pdf/gedenkstaetten/tuebingen_graeberfeld_x.pdf)

Waldkirch – Auseinandersetzung mit einem heimischen Massenmörder (23)

Die Gedenkstätte, mit der Waldkirch an zentraler Stelle – zwischen Sankt Margarethen und dem Elztal-Museum – Verantwortung für die notwendige Erinnerung übernimmt

Städte und Gemeinden schmücken sich gern mit ihren berühmten Söhnen und Töchtern. Was aber, wenn einer ihrer Bürger für ein Verbrechen unvorstellbaren Ausmaßes – die Ermordung von über 138.000 Jüdinnen und Juden in Litauen – verantwortlich war? Das südbadische Waldkirch im Breisgau hat diese Frage auf Initiative der „Ideenwerkstatt Waldkirch im Nationalsozialismus" mit der Errichtung einer Gedenkstätte beantwortet, die Tat und Täter in Erinnerung bringt.

Karl Jäger, der Massenmörder aus Waldkirch

Der Massenmord an Jüdinnen und Juden in Litauen ist untrennbar mit dem Namen Karl Jäger verbunden, einem früher hoch angesehenen Bürger der Stadt Waldkirch. „Jäger-Bericht" heißt daher auch die akribische Gesamtaufstellung der in Litauen bis zum 1. Dezember 1941 durchgeführten Exekutionen, die der SS-Standartenführer Jäger, Chef des Einsatzkommandos (EK) 3, für einen Bericht an die SS-Zentrale in Berlin erstellte. Seine Zusammenfassung begann mit den Worten: *„Ich kann heute feststellen, dass das Ziel, die Judenfrage zu lösen, vom EK3 erreicht worden ist. In Litauen gibt es keine Juden mehr, außer den Arbeitsjuden incl. ihrer Familien."*

Karl Jäger (1888–1959) war drei Jahre alt, als er mit seinen Eltern nach Waldkirch zog. Er spielte mehrere Musikinstrumente, erlernte Orchestrionbau und wurde durch Heirat Mitinhaber und Prokurist einer Orchestrionfabrik in Waldkirch. Aus vierjährigem Kriegsdienst kehrte er 1918 mit der tiefen Überzeugung nach Waldkirch zurück, dass die sogenannten Novemberverbrecher das Vaterland verraten und der Diktatfrieden von Versailles nur ein vorübergehender Zustand sein könne. Als erklärter Verächter der Weimarer Republik schloss sich Jäger der illegalen Schwarzen Reichswehr an, einer paramilitärischen, rechtsradikalen, antisemitischen Organisation. 1923 gründete er, den man im „Städtle" damals auch den „Waldkircher Hitler" nannte, dort eine NSDAP-Ortsgruppe und Anfang der 1930er-Jahre eine SS-Gruppe. 1936 wurde er – im Zuge der Weltwirtschaftskrise arbeitslos geworden – hauptamtlicher SS-Sturmführer. In den folgenden Jahren arbeitete er im Reichssicherheitshauptamt sowie für andere SS-Organisationen und stieg bis 1940 zum Standartenführer auf.

Im Juni 1941 wurde Jäger zum Führer des Einsatzkommandos 3 ernannt, das mit Beginn des Überfalls auf die Sowjetunion im Verband der Einsatzgruppe A im Raum Litauen eingesetzt wurde. Unmittelbar danach begann diese Terror- und Tötungseinheit mit Dienstsitz in Kaunas unter seinem Befehl mit den Massenerschießungen, die innerhalb weniger Monate – von Ende Juni 1941 bis Ende Januar 1942 – fast die gesamte jüdische Bevölkerung Litauens auslöschte und darüber hinaus tausende aus Mitteleuropa, unter anderem aus Berlin und München, deportierte Jüdinnen und Juden.

Karl Jäger führte akkurat Buch und meldete am 9. Februar 1942 seiner vorgesetzten Dienstelle folgende Exekutionen: „A: Juden 136.421, B: Kommunisten 1064, C: Partisanen 56, D: Geisteskranke 653, E: Polen 44, russische Kriegsgefangene 28, Zigeuner 5, Armenier 1. Gesamtzahl: 138.272, davon Frauen 55.556, Kinder 34.464."

Der für seine „Verdienste" hochdekorierte Nazi-Scherge lebte nach Kriegsende – ohne seinen Namen zu verschleiern – viele Jahre in der Nähe von Heidelberg und wurde erst im April 1959 identifiziert und verhaftet. Während der Untersuchungshaft auf dem Hohenasperg erhängte er sich am 22. Juni 1959. Was nicht als Schuldanerkenntnis interpretiert werden sollte: Jäger beharrte in seinen Aussagen stets darauf, nur „seine Pflicht" getan zu haben.

Ideenwerkstatt Waldkirch im Nationalsozialismus: Vom Bohren harter Bretter

Als vor circa 30 Jahren die Erkenntnisse über Karl Jägers Verantwortung für den Holocaust in Litauen bekannt und das große Schweigen der MitwisserInnen durchbrochen wurde, gab es in Waldkirch zunächst kaum Bereitschaft, sich mit diesem dunklen Kapitel der Vergangenheit auseinanderzusetzen. Auch heftige Abwehrreaktionen waren zu verzeichnen. Nachdem aber der im Ort lebende Historiker Professor Wolfram Wette nach 20-jähriger Forschung im Jahr 2011 die Ergebnisse seiner Arbeit unter dem Titel „Karl Jäger, Mörder der litauischen Juden" veröffentlichte, fragten sich immer mehr Menschen: Wie gehen wir damit um, dass der Name unserer Stadt Waldkirch mit einer Untat unvorstellbaren Ausmaßes in Verbindung steht?

Seitdem ist viel geschehen, auch wenn dafür viele Widerstände überwunden und harte Bretter gebohrt werden mussten. Aus einer zivilgesellschaftlichen Initiative heraus entstand die „Ideenwerkstatt Waldkirch im Nationalsozialismus", die ihre zentrale Aufgabe darin sah, nach einer würdigen Form der Erinnerung an die Judenmorde in Litauen zu suchen. Sie initiierte Schulprojekte, setzte sich mit unterschiedlichen NS-Themen auseinander und organisierte Informationsveranstaltungen. In Günzburg, der Heimatstadt des berüchtigten KZ-Arztes von Auschwitz Josef Mengele, in der bereits eine Gedenkstätte an dessen Taten erinnert, konnten Erfahrungen zu diesem schwierigen Thema eingeholt werden. Auch im Land der Opfer wurde geforscht: Im Jahr 2016 fuhren 14 Mitglieder der Projektgruppe mit dem Filmemacher Jürgen Dettling nach Litauen, besuchten historische Orte und Gedenkstätten und führten lange Gespräche mit Zeitzeugen. Der dabei entstandene 90-minütige Film „Karl Jäger und wir" wurde im November 2016 in Waldkirch uraufgeführt.

Waldkirch übernimmt die Verantwortung für notwendige Erinnerung

Am 27. Januar 2017 konnte schließlich die Gedenkstätte in Waldkirch enthüllt werden. Sie befindet sich zwischen der katholischen Kirche Sankt Margarethen und dem Elztal-Museum und besteht aus fünf Basaltstelen und einer Informationstafel mit einer Faksimile-Reproduktion der handschriftlichen Meldung von Karl Jäger vom 9. Februar 1942, auf der er die Summe der bis dahin ermordeten Menschen mitteilt: „Gesamtzahl: 138.272, davon Frauen 55.556, Kinder 34.464." Ein in fünf Sprachen (Deutsch, Englisch, Französisch, Litauisch und Hebräisch) verfasster Text erläutert die Hintergründe.

„Dadurch übernehmen wir Verantwortung", sagte Wolfram Wette bei der Einweihung der Gedenkstätte, *„zwar nicht für dessen Taten, aber für die Erinnerung an diese. Wir verbinden diese Verantwortung mit der Bekräftigung unseres Willens, nie wieder Vergleichbares geschehen zu lassen. Darin sehen wir die zentrale Lehre aus der Geschichte von Krieg und Holocaust.* [...] *Mit der Enthüllung des Mahnmals für die ermordeten Juden Litauens setzt die Stadt Waldkirch ein Zeichen.* [...] *Wir erinnern uns aus eigenem Antrieb und aus eigener Entscheidung öffentlich daran, dass ein Mann aus dieser Stadt in der Zeit des Zweiten Weltkrieges einer der Haupttäter des Holocaust war. Wir wollen die belas-*

Text der Waldkircher Dichterin Eva-Maria Berg an der Gedenkstätte

tenden historischen Fakten nicht mehr verdrängen, sondern ihnen ins Gesicht sehen und sie als eine Mahnung akzeptieren. Zugleich enthält das Mahnmal eine Botschaft, die in die Zukunft gerichtet ist. Sie lautet: Als Lehre aus der Vergangenheit bekräftigen wir unseren Willen, uns stets gegen Gewalt und Rassismus und für eine humane Orientierung einzusetzen."

Wo andernorts vielfach noch immer (oder wieder) das Bedürfnis nach Verdrängung, Verleugnung und Beschönigung die gesellschaftliche Befindlichkeit prägt und nach einem „Schlussstrich" verlangt wird, stellt sich die 20.000-EinwohnerInnenstadt Waldkirch ganz gezielt der Aufklärung. Tätererinnerung als Mahnung an künftige Generationen. Das sollte Schule machen.

Vertiefende Informationen

Karl Jäger und wir (Film, 1:37 h) (www.youtube.com/watch?v=Ht5RfN7BE6A)
Wette, Wolfram (Hg.): „Hier war doch nichts!" – Waldkirch im Nationalsozialismus, Band 5 der Reihe Waldkircher Stadtgeschichte, 2019
Wette, Wolfram: Karl Jäger. Mörder der litauischen Juden, Frankfurt/M. 2011
Wette, Wolfram: Karl Jäger: SS-Standartenführer Karl Jäger. Musiker und Mörder der litauischen Juden, in: Täter, Helfer, Trittbrettfahrer, Band 6: NS-Belastete aus Südbaden, 2017, S. 190-209 (www.kontextwochenzeitung.de/fileadmin/content/kontext_wochenzeitung/dateien/304/Mahnmal_Proske_Wette_-_Taeter__Helfer_Trittbrettfahrer_-_Band_6__Jaeger.pdf)

Wette, Wolfram: Rede anlässlich der Einweihung der Gedenkstätte, in: Kontext Wochenzeitung (www.kontextwochenzeitung.de/zeitgeschehen/304/es-war-die-hoelle-die-hoelle-4160.html)

Die Gedenkstätte für nach Auschwitz deportierte Sinti aus dem Ravensburger Ummenwinkel (24)

Die Gedenkstätte vor Sankt Jodok in der Ravensburger Innenstadt

Um „der Zigeunerplage Herr zu werden", errichtete die Stadt Ravensburg auf eigene Initiative 1937 im Ummenwinkel ein „Zigeunerlager". Seit Jahrzehnten in Ravensburg ansässige Sinti-Familien wurden dorthin zwangsumgesiedelt und viele von ihnen schließlich am 13. März 1943 auf Basis des vom Reichsführer SS Heinrich Himmler unterzeichneten „Auschwitz-Erlasses" nach Auschwitz-Birkenau deportiert. Vor der Pfarrkirche Sankt Jodok erinnert seit Januar 1999 eine schlichte Gedenkstele an ihr Schicksal.

Entrechtet, verfolgt, vernichtet

Die Errichtung des „Zigeunerlagers" in Ravensburg markierte den vorläufigen Höhepunkt einer Politik der rigorosen Abschreckung, die sich nach dem Ersten Weltkrieg zunehmend verschärft hatte und auf die Vertreibung der Ravensburger Sinti zielte. Jahrhundertelang stigmatisiert, diskriminiert und kriminalisiert, waren sie – wie Jüdinnen und Juden – als Mitglieder einer „artfremden Rasse" von der Rassengesetzgebung der Nazis ab 1935 aus der „arischen Volksgemeinschaft" ausgeschlossen worden. Im November 1937 – noch bevor im Oktober 1939 per Erlass die „Festsetzung" aller Sinti und Roma an Ort und Stelle ihres jeweiligen Aufenthalts verfügt wurde – entstand an dem der Stadt gegenüberliegenden Ufer des Flüsschens Schussen auf einem Flurstück mit Namen Ummenwinkel das Zwangslager. Etwa 100 Sinti wurden dorthin umgesiedelt und interniert, darunter etwa 60 Kinder und Jugendliche.

Bereits zuvor waren sie im März 1937 von MitarbeiterInnen der im Jahre 1936 gegründeten Rassenhygienischen Forschungsstelle (RHF) „rassenbiologisch“ erfasst worden. Die dabei erstellten pseudowissenschaftlichen Gutachten bildeten nicht nur die Grundlage für die Zwangsumsiedlung, für Heiratsverbote und Zwangssterilisationen – sondern lieferten auch die Selektionskriterien für die spätere Deportation in das „Zigeunerlager“ von Auschwitz-Birkenau.

Das Ravensburger Barackenlager war von Stacheldraht umzäunt; die Männer mussten Zwangsarbeit verrichten, vorwiegend im städtischen Tiefbau sowie in der Landwirtschaft der Region. Nur wer zur Arbeit oder zur Schule ging, durfte das Lager verlassen. An den fast täglich stattfindenden schikanösen Kontrollen soll der von 1932 bis 1945 amtierende Bürgermeister Rudolf Walzer, auf dessen Veranlassung das Lager errichtet wurde, manchmal persönlich teilgenommen haben.

Die Deportation nach Auschwitz-Birkenau

Am frühen Morgen des 13. März 1943 umstellten Männer der Kriminal- und Schutzpolizei und der Gendarmerie Ravensburg das „Zigeunerlager“ Ummenwinkel. Das Reichssicherheitshauptamt hatte die familienweise Einweisung sämtlicher „Zigeunermischlinge und Rom-Zigeuner und nicht deutschblütiger Angehörigen zigeunerischer Sippen balkanischer Herkunft“ in das Konzentrations- und Vernichtungslager Auschwitz-Birkenau angeordnet. Betroffen davon waren von Februar 1943 bis zum Sommer 1944 etwa 23.000 Sinti und Roma im Reichsgebiet.

Aus den Reihen der vor den Baracken im Ummenwinkel zusammengetriebenen Ravensburger Männer, Frauen und Kinder wurden 34 Menschen selektiert. In aller Eile durften sie wenige Sachen zusammenpacken; das meiste mussten sie zurücklassen. Zwei Tage lang wurden die Sinti-Familien festgesetzt, die Frauen und Kinder im Polizeigefängnis an der Seestraße, die Männer im Polizeigefängnis Grüner Turm. Unter den Inhaftierten befanden sich acht Kinder und Jugendliche im Alter von neun bis achtzehn Jahren und fünf Kleinkinder im Alter von drei Jahren und jünger, ein sechs Monate alter Säugling und eine hochschwangere Frau. Die älteste Sintiza war die 83 Jahre alte Kreszentia Schneck. Am Morgen des 15. März 1943 trieben Kriminal- und Schutzpolizei die Menschen durch die Südstadt zum Bahnhof für den Abtransport nach Stuttgart. Dort mussten die Inhaftierten zum Stuttgarter Polizeipräsidium marschieren.

„... als wir dann dort ankamen, da waren schon so viele Leute drin – und es war gesteckt voll. ... die waren verschwitzt, die waren so zusammengepresst. einfach, ... einigen war schlecht. ... Die Leute sind manchmal umgefallen ... wir hatten einfach Angst. ... Im Polizeipräsidium ... da haben sie doch protokolliert ... was sie da gemacht haben, wer und wie viele da sind, so und so viele ... Ja, und dann hat man uns, mit Lastwagen zum Bahnhof gebracht, auf die Waggons verladen und da waren wir dann lange noch. Ich [weiß] *nicht, wie lange wir dort in den Viehwagons gestanden* [haben], *mehrere Stunden, bis alle so verladen waren und dann alles so registriert war“*, hat Esther Sattig eine der wenigen Überlebenden zitiert.

Nach Einbruch der Dunkelheit verließ der lange Güterzug – einer der fünf „Zigeuner-Transporte“ aus dem Gebiet des heutigen Baden-Württembergs und als „Stuttgarter Transport“ bezeichnet – am 15. März 1943 mit 260 Sinti und Roma aus ganz Württemberg und Hohenzollern den Stuttgarter Güterbahnhof (→ S. 109).

„*... Ich weiß nicht mehr, wie lange die Fahrt gedauert hat. Zwei oder drei Nächte waren es. Wir sind spät abends oder nachts, es war schon dunkel, in Auschwitz-Birkenau angekommen. Nach dem Öffnen der Waggons sah man überall die Scheinwerfer, die alles beleuchteten. Die Schreie [...] der SS, die Befehle, das Gebell der Hunde ...*“.

Innerhalb von nur wenigen Wochen starben alle Kinder aus Ravensburg. Nur fünf der Erwachsenen überlebten.

Nach ihrer Rückkehr hat die Stadtverwaltung die Überlebenden wieder auf dem Gelände des ehemaligen Lagers im Ummenwinkel angesiedelt; dort blieben sie bis 1984. Der im November 1937 angelegte Brunnen mit Handpumpe war bis zuletzt ihre einzige Wasserstelle.

Die Gedenkstätte vor der Pfarrkirche Sankt Jodok

Die am 27. Januar 1999 – am Jahrestag der Befreiung des Vernichtungslagers Auschwitz-Birkenau – eingeweihte Gedenkstätte vor Sankt Jodok in der Ravensburger Eisenbahnstraße ehrt auf einer Stahlstele namentlich 29 Männer, Frauen und Kinder, die als Folge der Deportation aus dem „Zigeunerlager“ ermordet wurden.

Darüber hinaus fielen mindestens 24 weitere Ravensburger Sinti, die zwischen 1938 und 1941 aus dem städtischen „Zigeunerlager“ geflüchtet oder gezielt von der Stadt Ravensburg vertrieben wurden, dem Völkermord zum Opfer. Wie etwa die Familie Anna und Ferdinand Winter und ihre sechs Kinder, die im sogenannten Sammellager Salzburg-Maxglan interniert war und vom Arbeitsamt unter anderem als „stilechte“ Filmkomparsen für den Leni-Riefenstahl-Film „Tiefland“ zwangsrekrutiert wurde, bevor ihre Deportation nach Auschwitz erfolgte.

Namen der Frauen, Männer und Kinder, die die Deportation nicht überlebten

Vertiefende Informationen

Namen der 260 ab Stuttgart am 15. März 1943 Deportierten (www.zeichen-der-erinnerung.org/die-namen-der-sinti-und-roma)
Eitel, Peter (Hg.): Ravensburg im Dritten Reich. Beiträge zur Geschichte der Stadt, 1997
Sattig, Esther: Das Zigeunerlager Ravensburg Ummenwinkel. Die Verfolgung der oberschwäbischen Sinti, Berlin 2016
Verband deutscher Sinti und Roma: Zigeunerlager Ravensburg Ummenwinkel (https://www.sinti-roma.com/zigeunerlager-ravensburg-ummenwinkel-seine-geschichte-und-seine-opfer/)

Die Gedenkstätte Eckerwald – für die Opfer aus dem KZ Schörzingen (25)

Teilansicht des Dokumentationszentrums der Gedenkstätte in der Ruine der ehemaligen Gasreinigungsanlage

Wo die Schwäbische Alb an ihrem Nordtrauf steil abbricht, lagern unter der Erdoberfläche mächtige Gesteinsschichten des Schwarzen Jura, aus dem sich Schieferöl gewinnen lässt. Hier ließ das NS-Regime im Rahmen des Unternehmen „Wüste" noch in der letzten Kriegsphase von KZ-Häftlingen unter mörderischen Bedingungen einen Industriekomplex von Schieferölfabriken zur Treibstoffgewinnung errichten. Eine Fabrik stand im Eckerwald.

Das Unternehmen „Wüste"

Obwohl alle vorherigen Versuche der Ölgewinnung aus Ölschiefer stets unbefriedigende Ergebnisse erbracht hatten, startete das NS-Regime ab Mitte 1944 das Unternehmen „Wüste": Treibstoff für die deutsche Wehrmacht und Luftwaffe sollte gewonnen werden, nachdem die Rote Armee die für die deutsche Kriegswirtschaft wichtigen Ölfelder in Rumänien besetzt und alliierte Luftangriffe die letzten Herstellungsanlagen für synthetisches Öl in Deutschland zerstört hatten. Während die Alliierten ständig weiter vorrückten, versuchten die Nazis, dem fast verlorenen Krieg durch wahnwitzige Rüstungsvorhaben und Treibstoffgewinnung eine neue Wendung zu geben.

Um den Schiefer abzubauen und in insgesamt zehn „Wüste“-Werken entlang der Bahnlinie Tübingen–Rottweil weiterzuverarbeiten, setzte das NS-Regime über 12.000 KZ-Häftlinge ein, deportiert aus fast allen Ländern Europas. Ihre Unterkünfte, sieben als Außenlager zum KZ-Komplex Natzweiler-Struthof (→ S. 95) gehörende Konzentrationslager in Schömberg, Frommern, Schörzingen, Erzingen, Bisingen, Dautmergen und Dormettingen, mussten die Häftlinge vorher selbst errichten. Es waren keine Massenvernichtungslager wie Auschwitz-Birkenau, Treblinka oder Sobibor: Hier erfolgte Vernichtung durch Arbeit.

Die KZ-Häftlinge mussten schwerste Grab- und Erdarbeiten verrichten und Tanks, Gebäude für die Gasreinigung und Verbrennungsanlagen bauen oder, oft mit bloßen Händen, im Schieferbruch arbeiten. Weit mehr als 3500 von ihnen erlagen den unmenschlichen Arbeits- und Lebensbedingungen oder wurden ermordet – davon mindestens 529 Männer aus dem KZ Schörzingen bei den Arbeiten im Eckerwald, in den dieser „Ausflug gegen das Vergessen“ führt.

Vom KZ Schörzingen zum „Wüste“-Werk 10 und zurück

Anfang Januar 1944 waren die ersten KZ-Häftlinge nach Schörzingen abkommandiert worden, um dort Baracken für das geplante neue Konzentrationslager zu errichten. Waren die Häftlinge anfangs neben diesen Bauarbeiten noch im Versuchswerk der Kohle-Öl-Union, einer Untertage-Schwelanlage zur Schieferöl-Gewinnung, eingesetzt, begann am 1. September 1944 ihre Arbeit am Aufbau des „Wüste“-Werks 10 im Eckerwald. Dafür wurden immer mehr Häftlinge – überwiegend aus dem politischen Widerstand der von den Nazis okkupierten Länder – nach Schörzingen verlegt. Gefangenentransporte trafen auch aus Dachau und Auschwitz ein, sodass das ursprünglich für 200 Häftlinge ausgelegte KZ bis Mitte November 1944 mit über tausend Männern belegt war: Zu dritt, zu viert nächtigten die Häftlinge auf den Schlafpritschen, auf Bänken, Tischen, in jedem freien Winkel. Ständig von Hunger geplagt – an sehr guten Tagen bestand die tägliche Ration aus 200 Gramm Brot, ein bisschen Marmelade und einem Teller Steckrübensuppe –, hatten sie morgens und abends den vier Kilometer langen Fußmarsch zu ihrem Einsatzort im Eckerwald und zurück in das KZ Schörzingen zu bewältigen.

Bestialische Folterungen prägten den Lageralltag

Auf der Internet-Seite der Gedenkstätte Eckerwald sind Aussagen von überlebenden KZ-Gefangenen gesammelt, die von unvorstellbaren Grausamkeiten berichten. Dort ist unter anderem nachzulesen, was der nach Schörzingen deportierte französische Arzt Dr. Robert Morel an seinem ersten Abend im KZ erlebte:

„*Ein Mann lag ausgestreckt im Schlamm. Um ihn herum die sechshundert Deportierten des Lagers, angetreten zum Appell. Den im Koma liegenden Kranken hatten seine Kameraden auf ihren Schultern während des Rückmarsches vom Arbeitseinsatz mitgeschleppt*“, schreibt Bernadac Christian in seinem Buch „Les medicins de l’impossible“. Und weiter: „[...] *Der Lagerälteste Walter Telschow befahl (dem eben erst im Lager angekommenen) Robert Morel, den Mann zu untersuchen. Robert Morel: ‚Der Mann wird sterben!‘ Walter Telschow: ‚Nein, er wird nicht sterben. Er ist ein Faulenzer und ein Saboteur.‘ Darauf stürzten sich Lagerkommandant*

Herbert Oehler (SS-Sturmscharführer) und Walter Telschow mit Knüppeln auf den ‚Simulanten', bis dieser kein Lebenszeichen mehr zeigte. Außer Atem, das Gesicht schweißüberströmt, wandte sich Telschow wieder an Robert Morel: ‚Jetzt weißt du, welche Art von Medizin hier praktiziert wird. Merke dir das, oder du bekommst es mit uns zu tun.'"

Im Februar 1945 wurden die halbfertigen Arbeiten im Eckerwald eingestellt. Das Werk ging nie in Betrieb. Mitte April wurden die überlebenden 370 Häftlinge des KZ Schörzingen schließlich in mehreren Gruppen auf die Todesmärsche über die Schwäbische Alb in Richtung Dachau getrieben. Wie viele von ihnen bei Ostrach die Befreiung erlebten, ist nicht mehr genau zu rekonstruieren.

Die Richter im Rastatter Kriegsverbrecherprozess, in dem sich zwischen Dezember 1946 und Frühsommer 1947 über 500 Angeklagte für die Verbrechen in den Außenlagern des KZ Natzweiler-Struthof zu verantworten hatten, verurteilten sowohl den Lagerkommandant Herbert Oehler als auch den Lagerältesten Walter Telschow wegen unvorstellbarer Grausamkeiten zum Tode. Vollstreckt wurde allerdings nur das Urteil über Telschow – Herbert Oehler blieb lediglich bis 1957 in Frankreich inhaftiert.

Wegweiser mit dem Logo der Initiative Gedenkstätte Eckerwald e.V.

KZ-Friedhof und Gedenkstätte Eckerwald

Als französische Truppen Schörzingen befreiten, fanden sie neben dem verlassenen KZ ein großes Massengrab vor. Hier waren die meisten der Männer, die die unmenschlichen Arbeitsbedingungen nicht überlebt hatten, verscharrt worden. Heute befindet sich an dieser Stelle der KZ-Friedhof Schörzingen. 485 namentlich bekannte Tote sind hier bestattet. Hinzu kommt eine unbekannte Anzahl von Toten, deren Namen den zuständigen Behörden nicht gemeldet worden waren und die ebenfalls auf dem KZ-Friedhof beigesetzt sind. In der Kapelle sind die Namen der identifizierten Opfer, nach Nationalitäten geordnet, aufgeführt. Die KZ-Baracken in Schörzingen sind längst spurlos verschwunden, aber im vier Kilometer entfernten Eckerwald stehen noch einige Ruinen der ehemaligen Produktionsstätte. Hier befindet sich, jederzeit frei zugänglich, die von der Initiative Eckerwald e.V. getragene Gedenkstätte. Über einen an den Ruinen der Anlage entlangführenden Pfad gelangt man durch dichten, erst in den 1950er-Jahren gepflanzten Wald in wenigen Minuten zur im Jahr 1989 eingeweihten Gedenkstätte, in deren Mitte die Bronzeplastik eines nackten und an den Handgelenken gefesselten Häftlings steht. Geschaffen hat sie, wie auch das im Jahr 2004 entstandene Mahnmal „Macht ist Ohnmacht", der Rottweiler Bildhauer Siegfried Haas. Ein Stück weiter auf diesem Pfad gelangt man zur Ruine der ehemaligen Gasreini-

Das Eckerwald-Mahnmal des Rottweiler Bildhauers Siegfried Haas

gungsanlage, in der das Dokumentationszentrum der Gedenkstätte untergebracht ist: Es informiert in zehn wetterfesten Schaukästen über das Unternehmen „Wüste", das Stammlager Natzweiler-Struthof und die Geschehnisse vor Ort. Auch berichten Überlebende, mit denen die Initiative Eckerwald e.V. einen intensiven Kontakt aufgebaut hat, über ihr Schicksal: „Gezeichnet fürs Leben, an Leib und Seele".

► *Weitere Gedenkorte in der Nähe*

In diesem Buch führen die Ausflüge nach Erzingen (→ S. 133) und Bisingen (→ S. 141) an weitere Orte, in denen im Rahmen des Unternehmen „Wüste" noch in der letzten Kriegsphase Konzentrationslager bestanden. Darüber hinaus befindet sich nur knapp acht Kilometer von der Gedenkstätte Eckerwald entfernt der am 23. Oktober 1946 eingeweihte KZ-Friedhof Schömberg, auf dem die – aus Massengräbern umgebetteten – über 1700 Toten der Konzentrationslager Dautmergen und Schömberg bestattet sind. Auf Initiative der Gedenkstätte Eckerwald e.V. wurde der KZ-Friedhof bis zum Jahr 2008 umgestaltet: Er wurde um eine Gedenkstätte mit Informationstafeln erweitert, die über die Vorgänge und Zustände in den Lagern informieren. Im Zentrum der Gedenkstätte steht ein Betonkubus, der die Namen der Toten aufführt.

Vertiefende Informationen

KZ-Gedenkstätte Eckerwald (www.eckerwald.de)
Gedenkstättenverbund Gäu Neckar Alb (www.gedenkstaettenverbund-gna.org)
Initiative Gedenkstätte Eckerwald e.V. (Hg.): Wüste 10 – Gedenkpfad Eckerwald. Das südwürttembergische Schieferölprojekt und seine sieben Konzentrationslager, das Lager Schörzingen und sein Außenkommando, 5. Auflage 2017

Das KZ Erzingen – ein weiteres Konzentrationslager des Unternehmen „Wüste" (26)

Gedenkstelen am ehemaligen KZ-Standort und auf dem Geischberg in der Nähe des früheren Schiefermeilers

In der zu Balingen gehörenden Gemeinde Erzingen befanden sich zwei Ölschieferwerke des Unternehmen „Wüste" (→ S. 129). In ihnen wurden russische Zwangsarbeiter und KZ-Häftlinge für das sinnlose Unterfangen eingesetzt, aus Ölschiefer Treibstoff für die deutsche Wehrmacht und Luftwaffe zu gewinnen. Je ein stilisierter Häftling mit gestreifter Kleidung, rotem Winkel und Häftlingsnummer 4454 auf der linken Brust mit danebenstehender Informationsstele erinnert seit Mai 2015 am Ort des früheren KZ und auf dem Geischberg an ihr Schicksal.

„Nacht-und-Nebel"-Häftlinge in Erzingen

Jan de Vaal war 22 Jahre alt, als er am 22. Juni 1944 nach Erzingen kam. Der junge Niederländer gehörte dem ersten Transport von circa 200 Häftlingen für das eben errichtete neue Konzentrationslager an. Zu diesem Zeitpunkt hatte er bereits über zwei Jahre KZ-Haft überstanden: Ende Januar 1942 war er verhaftet worden, weil er mit seinem Fahrrad nicht nur Waren des elterlichen Amsterdamer Geschäftes auslieferte, sondern dabei auch Waffen für den niederländischen Widerstand transportierte. Über die Konzentrationslager Amersfoort und Herzogenbusch erfolgte im Juni 1943 seine Deportation in das im Elsass gelegene KZ Natzweiler-Struthof, das einzige deutsche KZ auf französischem Boden (→ S. 95). Jan de Vaal (Häftlingsnummer 4454) war fortan ein „Nacht-und-Nebel-Häftling". Diese Bezeichnung ging auf Wilhelm Keitels Nacht-und-Nebel-Erlass vom 7. Dezember 1941 zurück; der Chef des Oberkommandos der Wehrmacht hatte angeordnet, des Widerstands verdächtigte Menschen aus den besetzten Gebieten bei „Nacht und Nebel" nach Deutschland zu verschleppen, ohne dass ihre Angehörigen darüber irgendwelche Auskünfte erhielten. Ihr spurloses Verschwinden sollte der Abschreckung dienen. In den Lagern waren sie besonderen Schikanen und schwersten Haftbedingungen ausgesetzt.

Auch die anderen mit Jan de Vaal am 22. Juni 1944 aus Natzweiler in Erzingen eingetroffenen Männer waren NN-Häftlinge, überwiegend Widerstandskämpfer aus den von den Deutschen besetzten Ländern West- und Nordeuropas: Franzosen, Belgier, Holländer und Norweger.

Für ihre Unterbringung hatten Häftlinge des KZ Schömberg, die täglich mit dem Zug nach Erzingen kamen, vorher Baracken am Bahnhof bauen müssen. Verwaltungstechnisch war das KZ Erzingen – wie auch die sechs weiteren „Wüste"-KZ – ein Außenlager des KZ Natzweiler-Struthof. Es blieb ein kleines Lager, vor allem im Vergleich mit den „Wüste"-KZ Bisingen (→ S. 141) und Dautmergen: Bis zur Auflösung im April 1945 waren in Erzingen etwa 350 Männer inhaftiert. Der Großteil der Häftlinge arbeitete unter Aufsicht der SS-Wachleute beim Aufbau des SS-eigenen Ölschieferwerks in der Gemarkung Bronnhaupten („Wüste"-Werk 4), im Schieferbruch, bei der Destillation oder am Schiefermeiler auf dem Geischberg.

Der Arbeitskreis „Wüste" Balingen

Erste Forschungsprojekte gab es in Balingen, auf dessen Stadtgebiet während der letzten beiden Jahre des NS-Regimes zentrale Einrichtungen, Werke und Konzentrationslager des Unternehmens „Wüste" entstanden waren, zu Beginn der 1990er-Jahre. 1993 erschien in der Festschrift zur 1200-Jahr-Feier für mehrere Balinger Stadtteile auch ein umfangreicher Aufsatz von Immo Opfermann über das Ölschieferwerk Frommern. Unter seiner Leitung präsentierte ein Jahr später eine Arbeitsgruppe des Balinger Gymnasiums in der Zehntscheuer die Ausstellung „Das Unternehmen ‚Wüste'. Ölschieferwerke und Konzentrationslager entlang der Bahnlinie Tübingen – Rottweil 1944/45". Manifeste Gedenkzeichen, die über diese Geschehnisse informieren und an die Opfer erinnern, gab es aber lange nicht. Dies zu ändern war (und ist nach wie vor) das zentrale Ziel des Arbeitskreises „Wüste" Balingen, der im Dezember 2009 erstmals zusammentrat. Der Arbeitskreis erörterte die Möglichkeiten des Erinnerns, Gedenkens und Informierens an diesen Orten und legte dem Balinger Gemeinderat im Jahr 2013 ein Konzept vor, das aus der Errichtung von vier Stelenpaaren aus Beton bestand. Mit Unterstützung der Stadt Balingen und der Heimatkundlichen Vereinigung Zollernalb e. V. wurde das erste Stelenpaar am 22. Juni 2014 in Frommern eingeweiht: Eine Stele stellt einen stilisierten Häftling mit gestreifter Kleidung, rotem Winkel und der Struthof-Häftlingsnummer 4454 von Jan de Vaal auf der linken Brust dar; auf der zweiten Stele informiert eine eloxierte Aluminiumtafel über das Unter-

Gedenkstele auf dem Geischberg: Stilisierter Häftling mit gestreifter Kleidung, rotem Winkel und der Häftlingsnummer 4454 von Jan de Vaal

nehmen „Wüste" sowie die Gebäude und Geschehnisse am jeweiligen Ort. In Erzingen steht seit dem 3. Mai 2015 ein Stelenpaar in der Erlenstraße, der früheren Bahnhofstraße – dort wo sich früher das KZ befand. Das andere Stelenpaar wurde oben auf dem Geischberg in der Nähe des früheren Schiefermeilers aufgestellt.

▶ *Weitere Gedenkorte in der Nähe*

Andere zum Gedenkprojekt des Arbeitskreises „Wüste" Balingen gehörende Stelenpaare stehen in Frommern am Eingang zum Schiefersee, der in einem Teil der ehemaligen Schieferabbaugrube entstand, und in der Gemarkung Engstlatt, wo sich das „Wüste"-Werk 3 befand.

Vertiefende Informationen

Arbeitskreis „Wüste" Balingen (www.akwueste.de)

Brenneisen, Marco: Schlussstriche und lokale Erinnerungskulturen – Die „zweite Geschichte" der südwestdeutschen Außenlager des KZ Natzweiler seit 1945, Stuttgart 2020

Zekorn, Andreas: Todesfabrik KZ Dautmergen. Ein Konzentrationslager des Unternehmens „Wüste", Stuttgart 2019

Das Frauen-KZ in Geislingen an der Steige (27)

Die KZ-Gedenkstätte Geislingen mit einem Teil des rekonstruierten Lagerzauns

Ab Juli 1944 wurden über achthundert jüdische Mädchen und Frauen, die bei der Selektion in Auschwitz als „arbeitsfähig" eingestuft worden waren, auf Veranlassung der Firma Württembergische Metallwaren Fabrik (WMF) nach Geislingen verlegt. Untergebracht in einem eigens für sie errichteten Konzentrationslager, mussten sie im längst auf lukrative Rüstungsproduktion umgestellten WMF-Werk Schwerstarbeit leisten. Frauen, die aufgrund der elenden Lebens- und Arbeitsbedingungen schwer erkrankten und nicht mehr arbeitsfähig waren, hat das Nazi-Regime zur Vergasung zurück nach Auschwitz tranportiert.

Vom Zwangsarbeitslager im „Kriegsmusterbetrieb" WMF …

Statt weiterhin Kochtöpfe und Besteck herzustellen, hatte die Württembergische Metallwaren Fabrik (WMF) relativ früh einen Teil ihrer Produktion auf Rüstungsgüter umgestellt. Als Zulieferbetrieb der Luftwaffenindustrie weitete die WMF diesen Anteil nach Beginn des Krieges maßgeblich aus und konnte damit ihren Umsatz von 1939 bis 1943 nahezu verdoppeln. Für die Unterbringung der dafür nötigen Zwangsarbeiter und Kriegsgefangenen stellte die Stadt Geislingen der WMF, dem größten Unternehmen vor Ort und ab 1943 „Kriegsmusterbetrieb", im Rahmen der Wirtschaftsförderung ein Areal zur Errichtung eines Zwangsarbeiterlagers zur Verfügung. Als Arbeitskräfte immer knapper wurden, beantragten Vertreter der WMF Anfang 1944 über das Rüstungsministerium die Zuteilung jüdischer Häftlinge. Dafür trennte die Firma einen Teil des Zwangsarbeitslagers ab, versah ihn mit einem hohen Stacheldrahtzaun und anderen Sicherungsmaßnahmen und schloss einen Vertrag mit dem Konzentrationslager Natzweiler-Struthof (→ S. 95), dem das Lager verwaltungstechnisch zugeordnet wurde.

Nachdem klar war, dass der WMF nicht männliche, sondern weibliche jüdische Häftlinge zugeteilt würden, musste für diese Wachpersonal gefunden werden. Dafür warb die Firma unter der eigenen Belegschaft nach geeigneten Personen: Gesucht wurden Arbeiterinnen, die als SS-Aufseherinnen des Lagers fungieren sollten. Anschließend entsandte die WMF die ausgewählten Frauen zur „Ausbildung" in das Frauen-Konzentrationslager Ravensbrück.

... zum KZ-Außenlager

Der erste Häftlingstransport mit knapp 700 jüdischen Mädchen und Frauen aus Ungarn traf am 28. Juli 1944 in Geislingen ein. Sie waren nach der im März 1944 durch deutsche Truppen erfolgten Besetzung Ungarns nach Auschwitz deportiert worden, dort aber dem planmäßigen Massenmord an den Jüdinnen und Juden Ungarns entgangen. Nach einer vierwöchigen Quarantäne mussten sie nun unter elenden Arbeits- und Lebensbedingungen für die WMF Schwerstarbeit leisten.

Im November 1944 traf die zweite Häftlingsgruppe mit 120 polnischen Jüdinnen aus dem Raum Lodz in Geislingen ein. Der Leidensweg dieser Mädchen und Frauen – die jüngste von ihnen war erst zwölf Jahre alt – begann im Ghetto von Lodz und führte sie über die Konzentrationslager Auschwitz und Bergen-Belsen nach Geislingen. Im Lager, das unter SS-Kommando stand, waren die Häftlinge Willkürmaßnahmen und sadistischen Misshandlungen ausgesetzt; schon die kleinsten „Vergehen" gegen die Lagerordnung, etwa der Diebstahl von Kartoffelschalen, zogen Prügel nach sich.

Noch Ende März 1945 trafen weitere circa 230 total erschöpfte jüdische Ungarinnen und Polinnen aus den bereits aufgelösten Lagern Calw und Geisenheim in Geislingen ein. Kurz darauf begannen wegen ständig näher rückender US-amerikanischer Truppen die Vorbereitungen für die Räumung des Lagers. Nach einem letzten Zählappell am 10. April 1945 wurden alle 813 Geislinger Häftlinge zusammen mit den Frauen aus Calw und Geisenheim zum Bahnhof getrieben. Dort stand ein Zug bereit, der sie in das KZ München-Allach brachte. Nach nur wenigen Tagen Aufenthalt mussten sie den nächsten Zug besteigen, diesmal in Richtung Tirol. Unterwegs befreiten US-Truppen Ende April die Deportierten.

Im Rahmen der Rastatter Prozesse fand vom 20. bis 27. September 1948 das Verfahren gegen Verantwortliche des KZ Geislingen statt. Das von der französischen Militärverwaltung eingesetzte Tribunal verurteilte den letzten Lagerkommandanten René Roman wegen widersprüchlicher Aussagen der Zeuginnen zu lediglich zwei Jahren Haft. Die früheren WMF-Beschäftigten Rosa Baumeister, Maria Beck und Bertha Sommer, die sich als SS-Aufseherinnen verpflichtet hatten, wurden zu Haftstrafen zwischen zwei und sechs Jahren verurteilt. Klara Pförtsch, Funktionshäftling („Kapo") in Geislingen wie vorher bereits in Ravensbrück und Auschwitz, erhielt für in Geislingen verübte Misshandlungen eine dreijährige Gefängnisstrafe, wurde in einem weiteren Verfahren aber zum Tode verurteilt (später in eine 20-jährige Zuchthausstrafe gewandelt).

Spätes Gedenken

In den 1980er-Jahren scheiterte der – auch von der Lagergemeinschaft Ravensbrück unterstützte – Plan einer zivilgesellschaftlichen Initiative. Sie wollten im Stadtpark gegenüber dem WMF-Gelände eine Gedenkstätte für die Geislinger Opfer des Nationalsozialismus errichten. Als Nestbeschmutzer seien sie damals beschimpft worden, erinnerte sich der Sprecher der SPD-Gemeinderatsfraktion Hansjürgen Gölz im Interview mit der „Stuttgarter Zeitung" vom 31. Oktober 2014. Ihm sei auf dem Höhepunkt der Kontroverse in anonymen Briefen nahegelegt worden, „nach drüben zu gehen". Auch die WMF habe sich damals gegen das Ansinnen gewehrt.

Nach heftigen Kontroversen entschied schließlich der Geislinger Gemeinderat, statt am Ort des Geschehens auf dem Friedhof Heiligenäcker ein Mahnmal zu errichten, das als „Geschundener Kopf" bezeichnet wird und eine recht vage Inschrift trägt:

„... es schwinden, es fallen, die leidenden menschen – gedenke der frauen des kz-aussenlagers geislingen – 28. juli 1944 – 10. april 1945 – und aller opfer der gewalt. willkür und wahn nahmen ihnen würde und leben".

Erst dreißig Jahre später konnte der Künstler Gunter Demnig am 15. September 2015 zum Gedenken an die Frauen vor dem Haupteingang der WMF in der Eberhardstraße eine Stolperschwelle mit folgendem Text verlegen:

Die von Gunter Demnig vor dem Eingang der WMF verlegte Stolperschwelle

Juli 1944 – April 1945
Zwangsarbeit für die Deutsche Rüstung – WMF
Über 800 jüdische Frauen und Mädchen des Aussenlagers KZ Natzweiler-Struthof in Geislingen gehen täglich diesen Weg in die Fabrik
Sie teilen das Schicksal von mehr als 2000 Zwangsarbeitern der WMF
Deportiert – entwürdigt – ausgebeutet
Viele von ihnen verlieren ihr Leben

Kurz darauf errichtete auch die Firmenleitung der WMF in unmittelbarer Nähe der Stolperschwelle eine Gedenkstätte, die ein Zeichen für die Aufarbeitung der eigenen Geschichte setzen soll: Auf einer Metalltafel sind die Namen jener Mädchen und Frauen zu lesen, die auf Basis der „Transportliste" vom April 1945 in Richtung Allach ermittelt werden konnten. Ende April 2018 wurde schließlich am Ort des früheren Lagers die KZ-Gedenkstätte Geislingen eingeweiht. Vor einem Teil des rekonstruierten Lagerzauns stehen zwei Paar aus Metall nachgegossene Holzpantinen, wie jene, die die Frauen damals tragen mussten. Über die historischen Hintergründe geben zwei Informationstafeln Auskunft.

Von der Firmenleitung der WMF errichtete Gedenkstätte

Vertiefende Informationen

Stadtarchiv Geislingen: Kleine Dokumentation zur Geschichte der Zwangsarbeit und des KZ-Außenlagers Geislingen an der Steige, 2001 (www.geislingen.de/fileadmin/Dateien/Dateien/PDF-Dateien/Aussenlager.pdf)

Eberhardt, Sybille: Als das ‚Boot' zur Galeere wurde – Wie jüdische Frauen und Mädchen aus Lodz und Umgebung Ghettoisierung, Lagerhaft in Auschwitz-Birkenau, … und Deportation nach Allach überlebten, Göppingen 2018

Hettinger, Anette / Brenneisen, Marco: NS-Zwangsarbeit im deutschen Südwesten – Entwicklung, Bedingungen und Erinnerung, in: Steinbach, Peter et al. (Hg.): Entrechtet – verfolgt – vernichtet, NS-Geschichte und Erinnerungskultur im deutschen Südwesten, Stuttgart 2016, S. 377-411

Das KZ Bisingen (28)

Ein ausgeschilderter KZ-Geschichtslehrpfad führt durch Bisingen

Noch im August 1944 ließ das NS-Regime am Fuße der Hohenzollernburg in Bisingen ein KZ errichten, um im Rahmen des Unternehmen „Wüste" (→ S. 129) aus Ölschiefer Treibstoff zu gewinnen. Mindestens 1178 KZ-Häftlinge wurden hier bei diesem völlig sinnlosen Unterfangen umgebracht. Ein KZ-Geschichtslehrpfad führt zu den Orten ihrer Leiden.

Auf dem „Zebra-Wegle" vom KZ zum Schieferabbau im Kuhloch

In fünf großen Transporten kamen von August 1944 bis Anfang März 1945 insgesamt über 4000 Häftlinge aus den Konzentrationslagern Auschwitz, Stutthof bei Danzig, Vaihingen-Enz, Dachau und Buchenwald nach Bisingen. Unter diesen Häftlingen befanden sich auch circa 1500 Juden und eine unbekannte Anzahl Sinti und Roma.

An der Bisinger Schelmengasse, umgeben von Wiesen und Feldern nur wenige hundert Meter vom Ortsrand entfernt, mussten die zuerst eingetroffenen Häftlinge das Lager errichten, das verwaltungstechnisch dem Konzentrationslager Natzweiler-Struthof (→ S. 95) zugeordnet wurde. Es bestand aus fünf Baracken, war von Stacheldraht umzäunt und von Wachtürmen umgeben. In der Mitte des Lagers befand sich der Appellplatz. Dort mussten

Auf Veranlassung der französischen Militärbehörden 1947 angelegter KZ-Friedhof

die Häftlinge, auch die Kranken, morgens und abends stundenlang stehen, um sich von der SS-Wachmannschaft auf schikanöse Weise zählen zu lassen. Dies war auch der Ort, an dem aus Abschreckungsgründen etliche Erschießungen und Erhängungen stattfanden.

Vom Lager aus wurden die Häftlinge jeden Tag von ihren Bewachern zum „Wüste"-Werk 2 und der Schieferabbruchkante im Gewann Kuhloch getrieben. Die Route ist Zeitzeugen als „Zebra-Wegle" in Erinnerung geblieben, so benannt nach der gestreiften Häftlingskleidung.

Schwerstarbeit bei eisigen Temperaturen, Mangelernährung, unhygienische Bedingungen im Lager, Epidemien und barbarische Misshandlungen forderten täglich Todesopfer. Die ersten 29 Toten des Lagers wurden im Krematorium in Reutlingen verbrannt, später wurden die Leichen in Massengräbern verscharrt. In den nur acht Monaten seines Bestehens starben im KZ Bisingen mindestens 1187 Männer.

Im April 1945 ließ der Reichsführer SS Heinrich Himmler das KZ Bisingen vor Eintreffen der französischen Armee auflösen. Die Häftlinge wurden nach Dachau transportiert oder zu Fuß auf den Todesmarsch getrieben, den viele nicht überlebten. Währenddessen sorgte der Bisinger Bürgermeister Hugo Maier für die Vernichtung brisanter Unterlagen, darunter auch die Sterbeurkunden der KZ-Opfer.

Auf dem KZ-Geschichtslehrpfad durch Bisingen

Ende 1946 ließen die französischen Militärbehörden die Massengräber durch Internierte des politischen Haftlagers Reutlingen öffnen. Die dort aufgefundenen 1158 Leichen wurden später auf dem neu angelegten KZ-Friedhof Bisingen beigesetzt. Dessen Einweihung

Am ehemaligen Lagergelände soll ein Holzsteg den Weg zum Appellplatz symbolisieren

Abbruchkante des ehemaligen Ölschieferabbaugeländes

erfolgte am 29. April 1947. Um das große Kreuz herum stand für jedes der namenlosen Opfer – eine Identifizierung war nicht möglich – ein kleines Holzkreuz.

Jahrzehntelang erinnerte lediglich dieser abgelegene Friedhof an das KZ Bisingen. Ansonsten sollte tunlichst darüber geschwiegen werden, dass der Ort Standort eines NS-Konzentrationslagers war. Mit diesem lange aufrechterhaltenen Tabu brachen erst Jugendliche einer örtlichen Arbeitsgemeinschaft der Jusos, die 1984 eine Broschüre zum KZ Bisingen und die dort verübten Verbrechen vorlegten. Die als Provokation empfundene Informationsschrift rief heftige Abwehrreaktionen hervor.

Seitdem ist sehr viel geschehen. Wie in Bisingen – vor allem durch die Arbeit des „Gedenkstättenverein KZ Bisingen e.V." – sukzessive die Bereitschaft wuchs, sich mit diesem Kapitel der Geschichte auseinanderzusetzen, ist auf der sehr informativen Homepage der KZ-Gedenkstätte Museum Bisingen nachzulesen. Mittlerweile wurde der KZ-Friedhof umgestaltet und ehrt jetzt auch die jüdischen Opfer. Das Ortsmuseum bietet als KZ-Gedenkstätte eine erst im Sommer 2019 neu gestaltete Dauerausstellung, in der auch detailliert auf die Schicksale der Opfer und die Karrieren der Täter eingegangen wird. Darüber hinaus führt ein bestens ausgeschilderter KZ-Geschichtslehrpfad durch den Ort. Er beginnt am Bahnhof, also genau dort, wo die großen Häftlingstransporte ab August 1944 ankamen. Er führt weiter zum ehemaligen Lagergelände an der Schelmengasse, wo ein Holzsteg den Weg zum früheren Appellplatz symbolisieren soll. Die nächste Station befindet sich im Kuhloch mit dem Meilerfeld, der Gebläsestation und der Abbruchkante des ehemaligen Ölschieferabbaugeländes. Am Ende des Gedenkpfades befinden sich das Gelände der ehemaligen Massengräber und der KZ-Friedhof.

Vertiefende Informationen

Brenneisen, Marco: Schlussstriche und lokale Erinnerungskulturen – Die „zweite Geschichte“ der südwestdeutschen Außenlager des KZ Natzweiler seit 1945, Stuttgart 2020

Gedenkstättenverbund Gäu Neckar Alb – Bisingen (www.gedenkstaettenverbund-gna.org/gedenkstaetten-a-bildungsangebote/bisingen/uebersicht)

Glauning, Christine: Entgrenzung und KZ-System. Das Unternehmen „Wüste“ und das Konzentrationslager in Bisingen 1944/45, Berlin 2006

KZ-Gedenkstätte Museum Bisingen (https://museum-bisingen.de)

Landeszentrale für politische Bildung Baden-Württemberg (Hg.): Es war ein Bahnhof ohne Rampe. Ein Konzentrationslager am Fuße der Schwäbischen Alb, Stuttgart 2007 (www.lpb-bw.de/fileadmin/lpb_hauptportal/pdf/bausteine_materialien/rampe.pdf)

Das KZ Überlingen – unter Tage im Dienste der Friedrichshafener Rüstungsindustrie (29)

Der Eingang zur Dokumentationsstätte Goldbacher Stollen

Um die Rüstungsproduktion am Bodensee unterirdisch „bombensicher" fortsetzen zu können, wurde in Überlingen im September 1944 ein Außenlager des Konzentrationslagers Dachau errichtet. Die KZ-Häftlinge schufteten beim Bau des Goldbacher Stollens, in den Teile der Rüstungsbetriebe aus Friedrichshafen verlagert werden sollten. Mindestens 243 von ihnen wurden innerhalb von nur acht Monaten getötet, fielen den unmenschlichen Lebens- und Arbeitsbedingungen zum Opfer oder wurden von den Wachmannschaften ermordet.

Bombensichere Rüstungsproduktion: Das „Unternehmen Magnesit" …

Friedrichshafen war eines der großen Rüstungszentren des Nazi-Regimes. Alle Panzer der Wehrmacht fuhren mit Maybach-Motoren, die Luftschiffbau Zeppelin GmbH fertigte unter anderem Antennen für Peil- und Radargeräte, Dornier produzierte Flugzeuge und die Zahnradfabrik (ZF) Getriebe. Aufgrund dieser beträchtlichen Ansammlung von Rüstungsbetrieben war die Stadt ab Juni 1943 ein Ziel alliierter Luftangriffe. Nach den besonders schweren Bombardierungen am 28. April 1944 beauftragte Albert Speers Reichsministerium für Rüstung und Kriegsproduktion ein Konsortium von Baufirmen mit der Errichtung einer in die Molassefelsen von Überlingen getriebenen Stollenanlage zur bombensicheren Aufnahme der Fabriken. Das Projekt erhielt den Decknamen „Magnesit".

Anfang Juni 1944 wurde mit dem Stollenbau begonnen. Nach Fertigstellung der notwendigen Vorarbeiten (Installationen, elektrische Anlagen und Ähnliches) wurden für die Schwerstarbeiten in zwei großen Transporten im September und Oktober 1944 Häftlinge des Konzentrationslagers Dachau nach Überlingen verlegt. Für die Männer – mehrheitlich Italiener und Slowenen – war zwischen Überlingen und Aufkirch ein Lager errichtet worden, das aus drei Wohnbaracken für die durchschnittlich dort lebenden 700 Häftlinge bestand. Das Areal war mit Stacheldraht umgeben und von vier Wachtürmen gesichert. Auf Menschen abgerichtete Wachhunde sollten Fluchtversuche verhindern. Lagerkommandant war SS-Obersturmführer Georg Grünberg, der nach Einsätzen in den Konzentrationslagern Oranienburg und Auschwitz vorher bereits im Außenlager Friedrichshafen in gleicher Funktion tätig war.

Die Häftlinge arbeiteten sechs Tage pro Woche in Zwölf-Stunden-Schichten. Sie hatten ohne jegliche Vorkehrungen für ihren persönlichen Schutz Stollen aus dem Felsen zu sprengen und das Gestein abzutransportieren.

… und seine Opfer

Mindestens 243 Menschen starben an den Folgen der Zwangsarbeit, an Unterernährung, Misshandlung und während der Ab- und Rücktransporte in die Lager Saulgau, Allach (München) und Dachau vor Eintreffen der französischen Truppen am 25. April 1945 oder kurz danach. Anfangs wurden die Leichen zur Einäscherung in das Konstanzer Krematorium gebracht. Von 70 dort verbrannten Toten sind die Namen bekannt, weil das dortige Standesamt zunächst noch Buch darüber führte. Nach dem Krieg konnten die Urnen dadurch den Angehörigen übergeben und in ihre Heimat überführt werden – wie die Urne des italienischen Rechtsanwalts Franco Tranfaglia, die sich seither in der Gedenkstätte auf dem zwischen Lago Maggiore und Luganer See gelegenen Monte San Martino befindet. Er hatte sich dem lokalen Widerstand gegen die deutsche Besatzung Italiens angeschlossen, wurde verhaftet, über Bozen im Oktober 1944 nach Deutschland deportiert und starb am 17. Januar 1945 in Überlingen. An „allgemeiner Schwäche", wie es damals oft hieß.

Als die Kohlevorräte des Konstanzer Krematoriums für eine Verbrennung nicht mehr ausreichten, wurden zwischen Februar und April 1945 97 Tote im Degenhardter Wäldchen in einem Massengrab verscharrt. Anfang April 1946 ordnete die französische Militärbehörde die Öffnung des Massengrabs an; ehemalige Bewacher und Überlinger Nazis mussten die Leichen bergen. Eine Identifizierung war nicht mehr möglich, bei der Bergung wurden aber die Todesursachen festgehalten: *„Zehn der namenlosen Opfer wiesen Schußwunden auf, die den Tod herbeigeführt hatten. Bei 90 Prozent der Leichen war der Tod durch Schwäche, Hunger, Mißhandlungen oder durch willkürlich provozierte ‚Arbeitsunfälle' herbeigeführt worden, da die Häftlinge manchmal in den Stollen Sprengungen beiwohnen mußten. Einer trug noch eine Schlinge um den Hals. Zehn Prozent der Opfer wiesen Hundebisse auf."* (zit. n. Burger 2019, S. 32)

Der KZ-Friedhof in der Nähe der Wallfahrtskirche Birnau

Die Leichen wurden in einfachen Holzsärgen auf dem Landungsplatz in Überlingen aufgebahrt und nach einer Nachtwache und einer Gedächtnisfeier am 9. April 1946 auf dem neu angelegten KZ-Friedhof Birnau beigesetzt.

Auch wer wie der Slowene Anton Jež (1925–2021) das Glück hatte, die unmenschlichen Haft- und Arbeitsbedingungen zu überleben, war für das Leben gezeichnet: *„Mehr als dreißig Jahre brauchte ich, um die bösen Bilder aus meinem Gehirn weit weg verdrängen und ein normales, unbelastetes Leben führen zu können.“* (Jež, S. 46) Als Schüler hatte er sich 1941 der nationalen slowenischen Befreiungsbewegung (Osvobodilna Fronta) angeschlossen, die zunächst gegen die italienische und später gegen die deutsche Besatzung Sloweniens kämpfte. 1944 gefangen genommen, wurde er zunächst nach Dachau, dann nach Überlingen deportiert.

Zusammen mit anderen ehemaligen slowenischen Häftlingen hat er später viele Informationen über die Lebens- und Arbeitsverhältnisse im KZ Überlingen beisteuern können. Im Mai 1995 nahm Anton Jež das erste Mal an der Gedenkfeier teil, die die Vereinigung der Verfolgten des Naziregimes – Bund der Antifaschistinnen und Antifaschisten (VVN-BdA) zusammen mit dem DGB jedes Jahr am Wochenende nach dem Tag der Befreiung vom Nationalsozialismus auf dem KZ-Friedhof Birnau ausrichtet. Danach kam er regelmäßig nach Überlingen. Auch als ihm sein hohes Alter die lange Reise von Ljubljana nicht mehr gestattete, verging doch vor seinem Tod am 20. April 2021 keine der jährlichen Gedenkveranstaltungen, ohne dass er nicht wenigstens eine Grußbotschaft sandte.

Im Inneren des Goldbacher Stollens

Gedenken und Erinnern in und um Überlingen

An einem der schönsten Plätze über dem Überlinger See – nur 500 Meter von der Wallfahrtskirche Birnau entfernt – ließ die französische Militärregierung den KZ-Friedhof anlegen. Dort, wo früher unterhalb eines großen Kreuzes für die 97 namenlosen Opfer 46 kleine Kreuze mit jeweils zwei, manchmal drei Nummern standen, liegen seit dem Sommer 2016 97 Steinplatten, auf denen Namen und Lebensdaten der Toten zu lesen sind. Dass sie, die hier eine menschenwürdige letzte Ruhestätte fanden, nun auch namentlich bekannt sind, ist das Ergebnis von jahrzehntelangem bürgerschaftlichem Engagement.

Seit 1981 werden Führungen durch die Stollenanlage angeboten. Im Jahr 1996 gründete sich der Verein Dokumentationsstätte Goldbacher Stollen und KZ Aufkirch in Überlingen e.V., der im selben Jahr im Stollen selbst eine schlichte Dokumentationsstätte einrichtete und Oswald Burgers Buch „Der Stollen“ herausbrachte, das mittlerweile in der 13., aktualisierten Auflage vorliegt. Bereits vorher hatte die Stadt Überlingen 1985 am alten Stolleneingang eine Gedenktafel mit Kreuz angebracht; 1995 wurde der Ort um eine Gedenktafel des Comitato Resistenza Colle del Lys ergänzt, mit dem die VVN-BdA seit vielen Jahren in freundschaftlichem Kontakt steht. Und im Rahmen des 6. Internationalen Bodensee-Ostermarsches wurde auf Initiative der Überlinger Ärztin Dr. Lili Walther und der Überlinger Friedensinitiative am Härlenweg in der Nähe des früheren KZ-Geländes am Karsamstag 1993 eine weitere Gedenkstätte eingeweiht. Seit dem Jahr 2012 erinnert darüber hinaus ein Gedenkstein am Rande des Degenhardter Wäldchens an die an dieser Stelle verscharrten toten Häftlinge.

Für die auf geschichtsträchtigem Boden ausgerichtete Landesgartenschau Überlingen 2020/2021 – der Uferpark befindet sich auf dem Gelände, das durch den Stollenaushub entstand – wurde gemeinsam mit dem Verein Dokumentationsstätte Goldbacher Stollen und KZ Aufkirch in Überlingen e.V. ein weiterer Gedenkort geschaffen: Eine bereits vor vielen Jahren aus dem Bodensee geborgene Lore steht neben einem flachen Erinnerungszeichen aus großflächigen Sandsteinen, das mit einem kurzen Text zur Geschichte des Geländes als symbolischer Stolperstein dienen soll.

Und auch der Ort, an dem sich der Eingang zum früheren KZ befunden hat, ist nun genau markiert; am Rand des Park-and-Ride-Parkplatzes in der Kurt-Hahn-Straße steht seit September 2020 eine entsprechende Informationstafel. Diese Stelle wird auch der neue Standort des 1993 errichteten Mahnmals am Härlenweg sein, das neuer Bebauung weichen muss.

Gedenkstätte am Härlenweg in der Nähe des früheren KZ-Geländes

Aus dem Bodensee geborgene Lore aus dem Goldbacher Stollen

Vertiefende Informationen

Der Überlinger Stollen im Internet – „Unternehmen Magnesit" (https://stollen-ueberlingen.de)

Burger, Oswald: Der Stollen, 13. Auflage, Eggingen 2019

Burger, Oswald: Dokumentationsstätte Goldbacher Stollen und Konzentrationslager Aufkirch (www.gedenkstaetten-bw.de/fileadmin/gedenkstaetten/pdf/gedenkstaetten/ueberlingen_dokumentationsstaette_goldbacher_stollen_kz_aufkirch.pdf)

Jež, Anton: Der Stollen war unser Unglück und unser Glück. Erinnerungen an das KZ-Außenkommando Überlingen/Aufkirch. In: Benz, Wolfgang / Distel, Barbara (Hg.): KZ-Außenlager – Geschichte und Erinnerung (= Dachauer Hefte, Heft 15), Dachau 1999, S. 46-53

Wie Dachau an den See kam … Dokumentation über den Überlinger KZ-Stollen und das Gedenken, Videofilm von Stephan Kern und Jürgen Weber, Konstanz 1995 (45 Min.)

Das KZ Spaichingen – Zwangsarbeit für die Waffenschmiede Mauser (30)

Der „Weg der Erinnerung" führt seit September 2019 zum Mahnmal

Von September 1944 bis April 1945 stand auf der Schwäbischen Alb mitten in Spaichingen ein NS-Konzentrationslager. In diesem Außenlager des KZ Natzweiler-Struthof mussten in den letzten Kriegsmonaten durchschnittlich 300 bis 400 Häftlinge unter unmenschlichen Bedingungen Zwangsarbeit für die Waffenschmiede Mauser aus Oberndorf am Neckar leisten. Für viele von ihnen kam die Befreiung zu spät.

Zwangsarbeit für die Waffenschmiede Mauser

Alliierte Luftangriffe hatten Mitte 1944 große Teile der Produktionsstätten der Waffenfabrik Mauser in Oberndorf, damals im Besitz der Familie Quandt, zerstört. Unter dem Tarnnamen „Metallwerke Spaichingen" sollte nun ein Teil der Rüstungsproduktion auch nach Spaichingen verlagert werden. Mauser erhielt Häftlinge und SS-Wachpersonal aus dem KZ Natzweiler-Struthof (→ S. 95) im besetzten Elsass für den Bau einer Fabrikhalle im außerhalb des Ortes gelegenen Gewann Lehmgrube.

Dort, wo sich heute im Ortszentrum am Marktplatz das Spaichinger Rathaus, das Evangelische Gemeindehaus, Post, Busbahnhof, Büros, Geschäfte und Wohnungen befinden, wurde das Konzentrationslager errichtet. Hier entstanden die Baracken zur Unterbringung der Häftlinge, die für die „Metallwerke Spaichingen" schuften mussten. Tag für Tag trieben die Wachmannschaften den Zug dieser Arbeitssklaven durch die Stadt zum Arbeitsplatz und zurück.

Als sich in Rastatt zwischen Dezember 1946 und Frühsommer 1947 über 500 Angeklagte vor einem französischen Militärgericht für die Verbrechen in den Außenlagern des KZ Natzweiler-Struthof zu verantworten hatten, charakterisierten Zeugen das KZ Spaichingen als „wahre Hölle" und berichteten von bestialischen Quälereien. Die Häftlinge

Lageplan der KZ-Baracken im Zentrum Spaichingens

seien bei geringstem Vergehen an den Händen aufgehängt worden, auf dem Heimweg habe man sie aus purer Willkür schwere Steine tragen lassen und auch Erschießungen seien vorgekommen. Chaim Parzenczewski, ein ehemaliger KZ-Häftling, dem auf dem Todesmarsch von Spaichingen in Richtung Allgäu im April 1945 die Flucht gelungen war, schilderte während des Prozesses: „*Es gab Menschen, die uns in dieser schrecklichen Hungerszeit kleinere Päckchen oder Brot auslegten auf unserem Marsch von und zur Arbeit. Groß konnten sie nicht sein, damit es nicht auffiel. Als einmal zwei Häftlinge ausscheren wollten, um sich etwas zu schnappen, sah dies der SS-Mann und erschoss die beiden Häftlinge auf der Stelle.*"

Wie viele der KZ-Häftlinge zwischen September 1944 und April 1945 in Spaichingen ermordet, durch Arbeit vernichtet wurden oder auf dem Todesmarsch in Richtung Allgäu starben, lässt sich heute nicht mehr exakt beziffern.

KZ-Gedenkstätte und Weg der Erinnerung am Ort des Massengrabes

Dort, wo zwischen Bahndamm und Spaichinger Friedhof im April 1945 30 KZ-Häftlinge in einem Massengrab verscharrt worden waren, errichtete ein in Rottweil stationiertes französisches Regiment bereits im Sommer 1945 eine erste schlichte Gedenkstätte für die vor allem aus Ungarn, Jugoslawien und Italien stammenden Toten. Im Jahr 1964 wurde diese bereits verfallene Gedenkstätte durch ein neues Mahnmal ersetzt. Die sieben Meter hohe Konstruktion nach dem Entwurf des Tuttlinger Bildhauers Roland Martin besteht aus ineinander verflochtenen, verschieden hohen Kreuzen aus Eisenrohren. In den Granitboden, aus dem die Kreuzgruppe aufsteigt, wurden gusseiserne Platten mit den Namen der 30 dort verscharrten Männer eingelassen.

Am 29. September 2019 wurde die Neugestaltung der Gedenkstätte mit einer Feierstunde begangen. Sie ist nun über einen circa hundert Meter langen und von Linden gesäumten „Weg der Erinnerung" erreichbar, der auf zehn Informationstafeln in dreisprachiger Ausführung (Deutsch, Französisch und Englisch) die Geschichte des KZ Spaichingen dokumentiert. Außerdem sind nun gegenüber dem Mahnmal auch in weiteren acht Bodenplatten die Namen jener 64 Menschen aufgeführt, die 1944/45 vom Standesamt Spaichingen als Sterbefälle des KZ beurkundet wurden.

Am Ort des früheren Massengrabs steht seit dem Jahr 1964 das Mahnmal aus ineinander verflochtenen Eisenkreuzen

„Noch einmal und ihr geht mit!"

Dass auch im Stadtzentrum seit einigen Jahren an das KZ Spaichingen erinnert wird, ist diversen lokalen, meist privaten oder kirchlichen Initiativen zu danken. So konnten im Jahr 2005 an drei Stellen des früheren KZ-Geländes von SchülerInnen gestaltete Bronzeguss-Platten auf dem Marktplatz, vor dem Martin-Luther-Haus und am Busbahnhof in den Boden eingelassen werden. Drei Jahre später errichteten die Eigentümer der Firma HOGRI auf ihrem Betriebsgelände im Gewann Lehmgrube einen Gedenkstein zur Erinnerung an Häftlinge, die dort 1944/45 zur Errichtung der Mauser-Montagehalle eingesetzt waren.

Seit dem Jahr 2013 ist der Leidensweg, den die Häftlinge Tag für Tag zwischen diesen beiden Orten zurücklegen mussten, durch zehn klitzekleine Bodenplatten markiert: Stilisierte Nahrungsmittel, die Anwohner den Häftlingen zustecken wollten, und die überlieferte Drohung „Noch einmal und ihr geht mit!" führen so vom Marktplatz über Hauptstraße, Vorgasse, Angerstraße, Karlstraße, Hausener Straße und Maybachweg zum Gedenkstein in der Rudolf-Diesel-Straße. Eine Erläuterung dieses Leidenswegs befindet sich auf einer Gedenkstele vor dem Martin-Luther-Haus.

Gedenkstätte vor dem Martin-Luther-Haus

Vertiefende Informationen

Initiative KZ-Gedenken in Spaichingen e.V. (http://kz-gedenken-spaichingen.de)

Kastilan, Jochen: Spaichingen – Das KZ im Gewann „Lehmgrube", in: Alte Synagoge Hechingen (Hg.): Möglichkeiten des Erinnerns – Orte jüdischen Lebens und nationalsozialistischen Unrechts im Zollernalbkreis und im Kreis Rottweil, Hechingen 1997, S. 80-83.

Kastilan, Jochen: Das Konzentrationslager Spaichingen, in: Spaichinger Stadtchronik, Spaichingen 1990

Das KZ Hailfingen-Tailfingen zum Ausbau des Nachtjägerflugplatzes (31)

Das Logo der Gedenkstätte: abstrahierte Umrisse der Start- und Landebahn des von der Luft aus betrachteten Hailfinger Flughafens

Um den vorher von Zwangsarbeitern errichteten Nachtjägerflugplatz Hailfingen weiter auszubauen und ihn gegen die zunehmenden Angriffe der Alliierten zu schützen, wurde dort im November 1944 ein nur bis Mitte Februar 1945 bestehendes Konzentrationslager errichtet. Herbeigeschafft wurden die 601 jüdischen Häftlinge aus dem KZ Stutthoff bei Danzig. Nur etwa die Hälfte, möglicherweise sogar bloß ein Viertel überlebte die mörderischen Arbeits- und Lebensbedingungen.

Zwangsarbeiter zum Bau des Nachtjägerflugplatzes

Hermann Göring, Reichsminister für Luftfahrt, verfügte im August 1938 die Einrichtung eines Militärflugplatzes auf einem 40 Kilometer südwestlich von Stuttgart gelegenen Areal der Gemeinden Tailfingen, Hailfingen und Bondorf. Das 86 Hektar große unbebaute Gelände eignete sich gut als Standort: Es war eben, fast nebelfrei und lag strategisch günstig in relativer Nähe zur französischen Grenze. Die ersten Arbeiten verrichteten der Reichsarbeitsdienst (RAD) und lokale Firmen. Ab September 1942 setzten die Luftwaffe und die beteiligten Baufirmen Kriegsgefangene vor allem aus der Sowjetunion und Frankreich sowie ausländische Zivilarbeiter und Zwangsarbeiter ein.

Auf dem zunächst nur als Ausweichflugplatz genutzten Gelände wurden im Mai 1944 Teile der I. Gruppe des Nachtjagdgeschwaders 6 stationiert. Um die Nachtjäger gegen die zunehmenden Angriffe der Alliierten zu schützen, wurde zusätzlich der Bau von Rollwegen, splittersicheren Flugzeugboxen und kleineren Flugzeughallen angeordnet. Dafür kamen auch über 350 aus Athen deportierte Griechen zum Einsatz, die am 20. September 1944 in Hailfingen eintrafen. Noch bis kurz vor dem Abzug der deutschen Besatzungstruppen aus Griechenland im Herbst 1944 dienten Razzien – vor allem in den „roten Hochburgen" im Großraum Athen – zur Einschüchterung der Bevölkerung und der Suche nach „Kommunisten". Sie waren aber auch ein probates Mittel, um den Arbeitskräftemangel der deutschen Rüstungsindustrie zu befriedigen. Aus den zusammengetriebenen Männern eines ganzen Bezirks wurden jeweils mehrere hundert Arbeitsfähige zwischen 14 und 60 Jahren ausgewählt, zunächst in das berüchtigte KZ Chaidari transportiert und danach zur Zwangsarbeit in deutsche Lager deportiert.

Die griechischen Zwangsarbeiter bewohnten zunächst den Hangar, der später stacheldrahtumzäunt als KZ-Unterkunft für die jüdischen Häftlinge diente. Dass die meisten Griechen den Aufenthalt in Hailfingen überlebten, verdankten sie ihrer Verlegung in andere Lager. Der damals 16-jährige Eduard Rock-Tabarowski aus Athen, der als Dolmetscher bis zur Befreiung blieb und als Zeitzeuge über 60 Jahre später schildern konnte, was sich ab Mitte November 1944 im Lager abspielte, brachte es auf den Punkt: „*Wir waren Menschen zweiter Klasse, aber die waren in den Augen vieler Deutscher gar keine Menschen mehr.*"

Jüdische Häftlinge im KZ Hailfingen-Tailfingen

Die Menschen, deren Schicksal Eduard Rock-Tabarowski beschrieb, waren KZ-Häftlinge, die von der Organisation Todt im September 1944 für den weiteren Ausbau des Flugplatzes angefordert worden waren. Am 17. November 1944 stellte die SS im KZ Stutthof bei Danzig einen Transport mit 600 als arbeitsfähig klassifizierten jüdischen Häftlingen aus 16 Ländern zusammen – unter anderem aus Polen, aus Ungarn, aus Frankreich, aus Lettland, aus Holland; auch „Reichsdeutsche" waren dabei. Einige von ihnen hatten bereits fünf Jahre Arbeits- und Konzentrationslager hinter sich, bevor sie nach Hailfingen kamen, andere waren erst Mitte 1944 nach Auschwitz deportiert und von dort in das KZ Stutthof weitergeleitet worden.

Formal war das KZ Hailfingen-Tailfingen ein Außenlager des KZ Natzweiler-Struthof (→ S. 95) im Elsass. Dieses aber war bereits im September 1944 wegen des Vormarsches US-amerikanischer Truppen geräumt worden und diente nur noch verwaltungstechnisch als Stammlager für viele Außenlager – darunter auch Bisingen (→ S. 141), Erzingen (→ S. 133), Schörzingen (→ S. 129) und Spaichingen (→ S. 151). Unter unmenschlichen Bedingungen, mangelernährt und brutalen Quälereien ausgesetzt, mussten die Häftlinge Knochenarbeit leisten, schwerste Bau- und Planierungsarbeiten ausführen und in den nahe gelegenen Steinbrüchen arbeiten. Innerhalb weniger Wochen wurden ungefähr 190 Männer im Lager umgebracht, durch Arbeit vernichtet; einige wurden totgeprügelt, andere erschossen. Anfangs verbrannte man ihre Leichen in den Krematorien von Reutlingen und Esslingen; als diese ihre Arbeit einstellten, wurden sie in einem Massengrab am Rand der Landebahn verscharrt. Wie viele der 601 jüdischen Häftlinge nach der Räumung des KZ

Mitte Februar 1945 oder auf den Todesmärschen ums Leben kamen, konnte bisher nicht geklärt werden: Von über 260 Häftlingen sind inzwischen Todesdatum und Todesort bekannt, es ist allerdings davon auszugehen, dass die tatsächliche Zahl der Opfer weit höher liegt.

Mahnmal, KZ-Gedenkweg und Dauerausstellung

Die Vorgänge im KZ Hailfingen-Tailfingen lagen lange Jahre im Dunkeln, wurden verdrängt und verschwiegen. Erst mit der Veröffentlichung einer Studie zu diesem Thema begann eine rege öffentliche Diskussion, die Mitte der 1980er-Jahre zur Errichtung eines ersten Gedenksteins auf dem Tailfinger Friedhof und einer Informationstafel an der früheren Startbahn führte. Ein Verein, der sich für die Errichtung eines Mahnmals gegründet hatte, machte außerdem erste ehemalige Häftlinge ausfindig.

Dass die KZ-Gedenkstätte mittlerweile aus einem beeindruckenden Mahnmal, einem KZ-Gedenkweg und einer Dauerausstellung besteht, ist das Ergebnis von jahrzehntelangem bürgerschaftlichem Engagement, vor allem den intensiven Recherchen von Volker Mall, Harald Roth und Johannes Kuhn. Das Mahnmal am Westende der ehemaligen Startbahn des Flughafens Hailfingen erinnert seit Juni 2010 an die 601 KZ-Häftlinge. Der Ellwangener Künstler Rudolf Kurz hat ihre Namen in zufälliger Reihenfolge in das Aluminium vor der schweren Betonwand eingelassen.

Seit dem Jahr 2010 beherbergt das Tailfinger Rathaus auch ein Dokumentationszentrum zur Geschichte des Konzentrationslagers mit einer modernen, stark auf den Einsatz

Das Mahnmal am Westende der ehemaligen Startbahn

Die Namen der 601 jüdischen Häftlinge sind in zufälliger Reihenfolge in das Aluminium eingelassen

audiovisueller Medien setzenden Dauerausstellung. Und an die Orte der grauenvollen Geschehnisse führt ein Gedenkpfad, der zurzeit zwölf Stationen umfasst und mit dreisprachigen Informationstafeln die historischen Hintergründe erläutert.

Der Pfad beginnt dort, wo früher der Hangar stand, in dem zunächst die griechischen Zwangsarbeiter, danach die jüdischen Häftlinge untergebracht waren. Er führt weiter zum Mahnmal, zur früheren Start- und Landebahn, zum Massengrab am südöstlichen Rand der Startbahn, zum Rollweg und zum Steinbruch Kochhartgraben, wo Häftlings-Arbeitskommandos Steine, Schotter und Sand für die Baumaßnahmen beschafften. Über den Friedhof Hailfingen, auf dem sich die Gräber von drei griechischen Zwangsarbeitern befinden, gelangt man in einem kleinen Wäldchen zur Ruine einer ehemaligen Flugzeug-Reparaturhalle. Nachdem sie jahrelang zwischen Bäumen und Sträuchern versteckt war, wurde sie 2014 und 2016 schrittweise sichtbar gemacht. Im Sommer 2016 entfernten Freiwillige im Rahmen eines internationalen Workcamps Gebüsch, Wurzeln, Efeu und legten die mit Erde bedeckten Fundamente frei. Im Juli 2018 wurden drei Pfeiler der Halle zu „Denkpfeilern" umgestaltet: Der Rottenburger Bildhauer Ralf Ehmann brachte auf ihnen Edelstahlinschriften in sechs Sprachen an. „Jeder Mensch hat einen Namen" soll uns mahnen, aufzustehen gegen Entmenschlichung. Seit 13. Juli 2018 ist der so aufgewertete Ort den Kriegsgefangenen und Zwangsarbeitern des Lagers Hailfingen-Tailfingen gewidmet, jenen Opfergruppen also, die am Mahnmal für die 601 jüdischen KZ-Häftlinge unberücksichtigt geblieben sind.

Über den Steinbruch Reusten, in dem die Häftlinge Steine brechen und mit Kipploren zum Schotterwerk am Steinbruch bringen mussten, führt der Gedenkpfad weiter zum

„Denkpfeiler" in Erinnerung an Kriegsgefangene und Zwangsarbeiter des Lagers

Friedhof Tailfingen mit dem Grab der dorthin umgebetteten 75 mittlerweile namentlich bekannten Opfer aus dem Massengrab. Er endet am Rathaus, in dem sich das Dokumentationszentrum befindet.

Vertiefende Informationen

KZ-Gedenkstätte Hailfingen-Tailfingen (www.kz-gedenkstaette-hailfingen-tailfingen.de)

Mall, Volker / Roth, Harald: Das KZ-Außenlager auf dem Nachtjägerflugplatz Hailfingen/Tailfingen (www.kz-gedenkstaette-hailfingen-tailfingen.de/pdf/i.kz.zu_zusammenf_a1.pdf)

Mall, Volker: Karl Bäuerle: Schachtmeister der Organisation Todt auf dem Nachtjägerflugplatz, in: Täter – Helfer – Trittbrettfahrer, Band 9 – NS-Belastete aus dem Süden des heutigen Baden-Württemberg, Gerstetten 2018, S. 16-26

Gedenkstätte in Kehl – Erinnerung an ermordete französische Widerstandskämpfer und die „Schwarzwälder Blutwoche" (32)

Gedenktafel an einem Pfeiler der Europabrücke

Während am 23. November 1944 auf der anderen Rheinseite alliierte und Truppen des Freien Frankreichs gerade Straßburg befreiten, erschossen Beamte der Straßburger Gestapoleitstelle am Kehler Rheinufer neun französische Widerstandkämpfer. Dieser Mord war der Beginn eines Massakers an insgesamt 70 Mitgliedern der Widerstandsgruppe „Réseau Alliance", das als „Schwarzwälder Blutwoche" in die Geschichte einging.

Die Widerstandsgruppe Réseau Alliance

Nur wenige Monate nach dem deutschen Überfall auf Frankreich und der nachfolgenden Besetzung großer Teile des Landes gründete sich im November 1940 die Widerstandsgruppe Réseau Alliance (Netzwerk Allianz). Initiator war der ehemalige Offizier und rechtskonservative Verleger Georges Loustaunau-Lacau. Nach seiner Verhaftung im Jahr 1941 übernahm Marie-Madeleine Fourcade die Leitung. Die Führungspersonen an der Spitze des Netzwerks waren mehrheitlich Angehörige der oberen und mittleren Führungsschichten aus Militär und Wirtschaftskreisen. Im konservativ-nationalistischen Milieu bestens vernetzt, wurde ein Großteil der frühen Mitstreiter aus ehemaligen Armeeangehörigen rekrutiert. Im Jahr 1943 gehörten dem Netzwerk bereits etwa 3000 Männer und Frauen an – darunter mittlerweile aber auch Bauern, Handwerker, Priester, Sekretärinnen und Studierende. Die Widerstandsgruppe lieferte dem britischen Geheimdienst kriegswichtige Informationen über geheime Rüstungsfabriken in Deutschland, Abschussrampen für V1- und V2-Raketen, Truppenbewegungen, Transportrouten und Einsatzpläne deutscher Versorgungsschiffe und U-Boote und leistete so einen wichtigen Beitrag zur Vorbereitung der alliierten Landung in der Normandie. Zudem beteiligte sich Réseau Alliance an Fluchthilfe und unterstützte politisch Verfolgte sowie deren Familien. Da die wichtigsten Agenten zur Tarnung Tiernamen verwendeten, die bei abgehörten Funksprüchen immer wieder auftauchten, gab die deutsche Abwehr dem Netzwerk, nach dessen in ganz Frankreich aktiven Mitgliedern sie fieberhaft fahndete, den Namen „Arche Noah".

Von der Gestapo aufgespürte Mitglieder von Réseau Alliance wurden meist zunächst im Gefängnis Fresnes südlich von Paris inhaftiert und danach als sogenannte Nacht-und-Nebel-Häftlinge in das SS-Sicherungslager Schirmeck im Elsass überstellt. Als dies Lager überfüllt war, verteilte die Gestapo Réseau-Alliance-Gefangene auch auf diverse Gefängnisse in Baden und Württemberg. Am 1. April 1944 in Karlsruhe, am 23. Mai 1944 in Ludwigsburg und am 21. August 1944 in Heilbronn wurden die dort inhaftierten Mitglieder der Widerstandsgruppe nach Schnellgerichtsverfahren hingerichtet. Des Weiteren ermordeten die Nazis in der Nacht vom 1. auf den 2. September 1944 107 Frauen und Männer aus dem Lager Schirmeck im nur wenige Kilometer entfernten Konzentrationslager Natzweiler-Struthof, dem zentralen NS-Hinrichtungsort für Elsass-Lothringen (→ S. 95). Angesichts schnell vorrückender alliierter Truppen und des sich abzeichnenden Kriegsendes versuchte das NS-Regime, sämtliche ZeugInnen ihrer Massenverbrechen zu beseitigen.

Die „Schwarzwälder Blutwoche" begann in Kehl

Als sich am 23. November 1944 alliierte und Truppen des Freien Frankreichs Straßburg näherten, begannen Beamte der Straßburger Gestapoleitstelle unter der Leitung von SS-Hauptsturmführer Julius Gehrum mit der Ermordung der weiteren in Baden inhaftierten Mitglieder des Netzwerks. Ihre erste Station war Kehl. Gehrum und seine Kollegen Reinhard Brunner und Erwin Schöner fuhren über den Rhein und holten die Gefangenen Maurice Mandin, Hugues Monclin, Oscar Hosch, Joseph Singer, Joffre Lemeunier, Louis Helault, Louis Proton, André Coindeau und Armand Troudet aus dem Kehler Gefängnis. Mit vorgehaltener Waffe zwangen sie die neun französischen Widerstandskämpfer zum nahegelegenen Rheinufer, wo sie sich vollständig entkleiden mussten. Anschließend töteten sie die Männer per Genickschuss und warfen ihre nackten Körper in den Rhein. Der jüngste Ermordete war 22 Jahre alt, der älteste 41 Jahre; zwei gehörten der französischen Luftwaffe an, andere waren Techniker, Ingenieure und Landwirte.

SS-Hauptsturmführer Julius Gehrum fungierte vor seinem Wechsel in die Gestapoleitstelle nach Straßburg bereits von 1934 bis 1940 als Leiter der Gestapo in Kehl. Dort hatte er sich besonders bei der Verfolgung und Zerschlagung von Widerstandsgruppen der verbotenen KPD und SPD hervorgetan und auch die sogenannte Judenaktion während der Reichspogromnacht am 10. November 1938 angeführt. Ab Juni 1940 leitete Gehrum unter dem Chef der Straßburger Sicherheitspolizei Dr. Erich Isselhorst die dortige Gestapo-Sektion III und war damit zuständig für die Verfolgung von Widerstandsgruppen. Nach der Ermordung der neun Männer in Kehl zog er, jeweils von zwei bis vier Kollegen begleitet, weiter nach Rastatt, Offenburg (→ S. 167), Freiburg, Bühl, Pforzheim und Gaggenau, wo sie bis zum 30. November 1944 im Rahmen der „Schwarzwälder Blutwoche" weitere 61 Männer und Frauen von Réseau Alliance ermordeten.

Julius Gehrum, der später im Prozess angab, lediglich auf Befehl Isselhorsts gehandelt zu haben, wurde am 17. Mai 1947 vom Ständigen Militärgericht in Straßburg zum Tode verurteilt und am 10. November 1947 hingerichtet. In einem weiteren Verfahren erging auch gegen Erich Isselhorst ein Todesurteil; er wurde am 23. Februar 1948 erschossen.

Gedenken im Garten der zwei Ufer / Jardin des deux Rives

Seit dem 23. November 1996, dem 52. Jahrestag des Mordes an den neun französischen Widerstandskämpfern, erinnert in Kehl eine Gedenktafel an das Verbrechen und seine Opfer. Sie wurde auf Betreiben von engagierten Kehler Medizinern am Pfeiler der Europabrücke angebracht, dort wo Gehrum und seine Kumpanen die nackten Leichen in den Rhein warfen. Auf der anderen, der französischen Rheinseite erinnert seit langem eine Gedenkstätte an die Ende November 1944 aus den Gefängnissen in Kehl, Rastatt und

Gedenkstätte am französischen Rheinufer

Der Chemin de la Mémoire et des Droits de l'Homme verbindet 19 Gedenkorte an die NS-Zeit miteinander

Bühl verschleppten und ermordeten Opfer der Gestapo. Seit dem Jahr 2004 befinden sind beide Gedenkorte nunmehr im für die grenzüberschreitende Landesgartenschau Kehl / Straßburg angelegten Garten der zwei Ufer / Jardin des deux Rives. Beide Orte sind seit 2006 auch Stationen des „Weges der Erinnerung und der Menschenrechte / Chemin de la Mémoire et des Droits de l'Homme", der im Elsass und in Baden 19 Gedenkorte an die NS-Zeit miteinander verbindet.

In diesem Park stehen seit einigen Jahren auch drei „Grenzrosen", die die Erinnerung an die in Kehl ermordeten Mitglieder von Reseau Alliance im Gedächtnis der Stadt festhalten. Sie sind Teil des europäischen Versöhnungsprojektes des Essener Künstlers Thomas Rother, an verschiedenen Grenzorten zu allen neun Nachbarländern Deutschlands kleine Skulpturen aufzustellen, die an Ereignisse aus dem Zweiten Weltkrieg erinnern. Unter Federführung der Stadt und in Kooperation mit zahlreichen Bildungseinrichtungen und Finanzierungspaten wurden in Kehl und Straßburg zwischen Juni 2013 und November 2014 insgesamt neun dieser Skulpturen aufgestellt; jede mit einer Gedenktafel, die die Tat beschreibt und die Opfer beim Namen nennt. Eine Grenzrose steht in der Nähe des Tatortes, zwei weitere auf beiden Seiten der Passerelle de deux rives, der Fußgängerbrücke zwischen Kehl und Straßburg. Sechs weitere Grenzrosen stehen in der Kehler Innenstadt, eine davon auch vor dem früheren Gefängnis, in dem die neun Männer vor ihrer Ermordung inhaftiert waren.

„Grenzrose" zur Erinnerung an die in Kehl ermordeten Mitglieder von Reseau Alliance

Vertiefende Informationen

Scherb, Ute: Tatort Kehl – die Ermordung französischer Widerstandskämpfer des Reseau Alliance, in: Borgstedt, Angela et al. (Hg.): Mut bewiesen – Widerstandsbiographien aus dem Südwesten, Stuttgart 2017, S. 493-500

Projekt „Grenzrosen" mit Lageplan (https://kultur.kehl.de/html/grenzrosen.html)

Das KZ Offenburg zur Räumung der Bahngleise nach Bombenangriffen (33)

Gedenkstätte auf dem „Alliierten-Friedhof" des Waldbachfriedhofs

Nur wenige Wochen vor dem Zusammenbruch des NS-Regimes entstand im März 1945 im badischen Offenburg noch ein neues Außenlager des KZ Natzweiler-Struthof. Die circa 700 Häftlinge mussten durch Luftangriffe zerstörte Bahnanlagen reparieren, entlang der Bahnstrecke Trümmer beseitigen und Blindgänger entschärfen. Vorher hatten Häftlinge eines „KZ auf Rädern" diese Aufgaben bewältigt.

Häftlinge der „rollenden KZ" zur Instandsetzung der Gleisanlagen

Offenburg war ein wichtiger Verkehrsknotenpunkt: Der Bau der Rheintalbahn schloss die Stadt Mitte des 19. Jahrhunderts an das Schienennetz an; zwischen 1863 und 1873 erfolgte die Fertigstellung der von Offenburg nach Singen am Hohentwiel verlaufenden Schwarzwaldbahn. Im November 1944 beschädigten massive Luftangriffe der US Air Force die für Truppenverschiebungen der Wehrmacht wichtigen Bahnanlagen und das Reichsbahn-Ausbesserungswerk in der Nähe des Offenburger Güterbahnhofs stark. Daraufhin verlegte das SS-Wirtschafts-Verwaltungshauptamt ab Mitte Dezember 1944 mehrere ihrer mobilen Eisenbahn-Baubrigaden dorthin. Diese „rollenden KZ" waren verwaltungstechnisch Außenlager des KZ Sachsenhausen und umfassten jeweils etwa 500 in Eisenbahnwaggons untergebrachte meist jüdische KZ-Häftlinge. Sie mussten Schwerstarbeit bei der Instandsetzung zerstörter Bahnanlagen leisten, entlang der Bahnstrecke Trümmer beseitigen und Blindgänger entschärfen oder sprengen.

Wie viele der Männer die mörderischen Haft- und Arbeitsbedingungen in Offenburg nicht überlebten, ist nicht mehr vollständig rekonstruierbar. Im Frühjahr 1946 fanden Arbeiter bei Aufräumarbeiten die ersten drei „Maulwurfhügel" zwischen den Bahndämmen am Offenburger Güterbahnhof, die sich als zugeschüttete Massengräber erwiesen. Insgesamt 40 nicht mehr identifizierbare Leichen wurden geborgen.

Ende März 1945 entstand in Offenburg noch ein KZ

Mitte Februar 1945 verlagerte die SS die mobilen Eisenbahn-Baubrigaden an andere Standorte. Um die zuvor von ihnen ausgeführten Arbeiten – lebensgefährliche Bombenentschärfungs- und Räumarbeiten an den Gleisanlagen – zu verrichten, installierte das NS-Regime in Offenburg ein Außenlager des bereits längst aufgelösten KZ Natzweiler-Struthof (→ S. 95). Am 26. März 1944 trafen über 600 Häftlinge aus dem KZ Flossenbürg ein. Die meisten von ihnen waren politische Gefangene und Kriegsgefangene aus allen von den Deutschen überfallenen und besetzten Ländern Europas; auch Juden waren darunter. Untergebracht wurden sie in der ehemaligen Artilleriekaserne in der Prinz-Eugen-Straße nahe dem Bahnhof. In den lediglich drei Wochen, die das KZ-Außenlager Offenburg bestand, starben fast täglich Häftlinge; es gab Tote durch Erschöpfung, Misshandlung oder durch gezieltes Töten aus nichtigsten Gründen. Ein Massaker verübten Mitglieder der KZ-Wachmannschaft noch am 12. April 1945, drei Tage vor dem Einmarsch der französischen Truppen: Auf Befehl ihres Kommandanten SS-Obersturmführer Emil Meier ermordeten sie im Keller der Kaserne 41 kranke und marschunfähige Häftlinge; sie sollen an Wasserhähnen erhängt, erwürgt, mit Eisenstangen oder Äxten erschlagen oder erschossen worden sein. Es waren Mithäftlinge, die die Ermordeten in einem Massengrab auf dem Waldbachfriedhof bestatteten. Einen Tag später erfolgte die Räumung des Lagers. Die Überlebenden des Transports, der über Donaueschingen führte, wurden am 23. April 1945 bei Immendingen befreit.

Offenburg war bereits einige Wochen befreit, als am Morgen des 4. Mai 1945 in der Ihlenfeldkaserne, in der zu dieser Zeit ehemalige Zwangsarbeiter, sogenannte Displaced Persons (DP), aus der gesamten Ortenau untergebracht waren, mehrere Bomben explodierten. Wie sich herausstellte, hatte die Wehrmacht vor ihrer Flucht Minen in den Gebäuden eingemauert und mit Zeitzündern scharf gemacht. 114 ehemalige sowjetische Zwangsarbeiter verloren bei der Explosion ihr Leben, viele weitere wurden schwer verletzt.

Vom schwierigen Umgang mit der Geschichte des Ortes

Seit dem Jahr 2001 erinnert ein kleiner – dessen ungeachtet bereits mehrmals zerstörter – Gedenkstein am Bahngelände in der Nähe des Radhauses an die Opfer der „rollenden KZ": „Im Frühjahr 1945 fanden auf dem Bahngelände in Offenburg über 40 Zwangsarbeiter ihr Massengrab".

Informationstafel auf dem Platz der Verfassungsfreunde zum Verbrechen vom 4. Mai 1945

Ein erstes Erinnerungszeichen für Opfer des KZ Offenburg setzte der ehemalige Häftling Sigmund Nissenbaum bereits wenige Monate nach Kriegsende am Ort des Massengrabs auf dem Waldbachfriedhof: Er errichtete für seinen Vater Laib, der zu den Opfern des Massakers vom 12. April 1945 gehört hatte, einen Gedenkstein. Dieses Gräberfeld wird irritierenderweise bis heute nicht als KZ-Friedhof, sondern als „Alliierten-Friedhof" bezeichnet. Erst nach jahrelangem Drängen von Pfarrer Fritz Majer-Leonhard von der Hilfsstelle für Rasseverfolgte bei der Evangelischen Gesellschaft Stuttgart sah sich die Stadt Offenburg 1963 gezwungen, das bis dahin vernachlässigte Areal umzugestalten, mit Rasen zu bepflanzen und einzufrieden. Als Erinnerungszeichen wurde eine Gedenkstele aus Sandstein er-

Der schon wieder beschmierte Gedenkstein für die Opfer der „rollenden KZ"

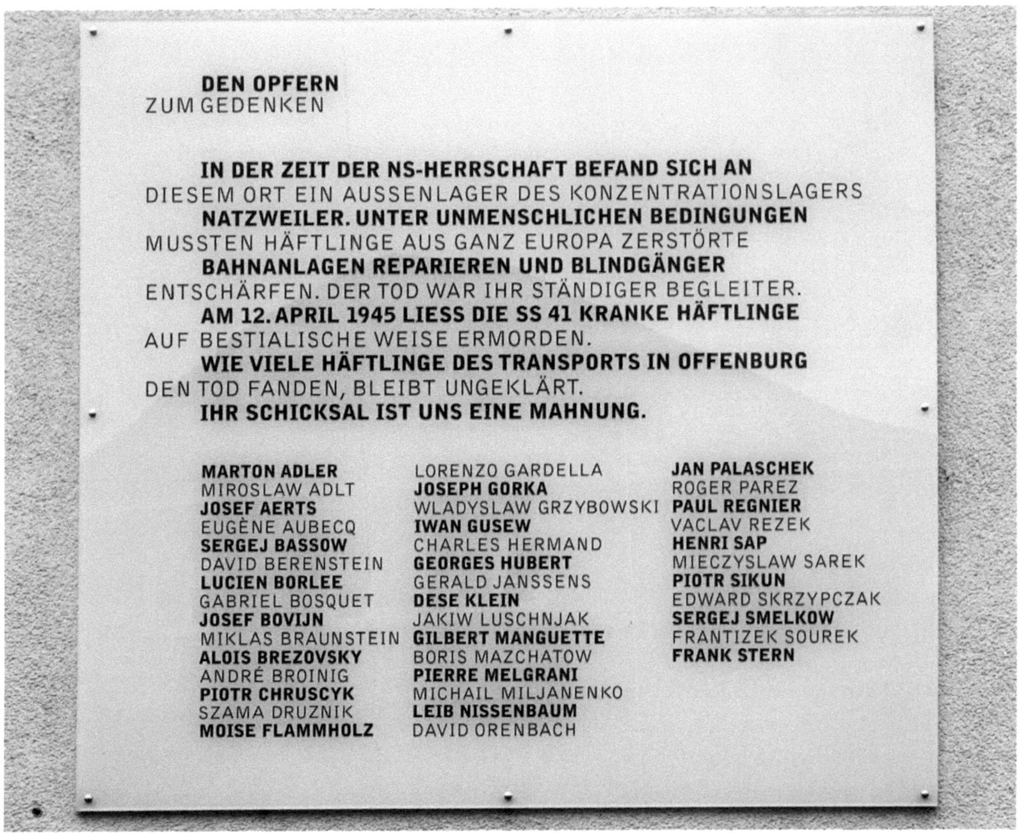

Gedenktafel am Eingang der Anne-Frank- und Erich-Kästner-Schule

richtet und drei Liegeplatten mit den Namen oder Gefangenen-Nummern dort bestatteter Männer verlegt. Die Stele trägt die Inschrift: „72 Angehörige von 8 Nationen ruhen hier, Opfer der Gewaltherrschaft in dunkler Zeit. Ihr Tod mahnt uns alle, das Rechte zu tun, dem Unrecht zu wehren und die Würde des Menschen zu achten." Fritz Majer-Leonhard hatte sich nicht damit durchsetzen können, dass aus der Inschrift klar hervorgehen müsse, dass Offenburg ein KZ-Standort war. Ein Hinweis darauf fehlt bis heute. Auch darauf, dass dort weit mehr als 72 Häftlinge bestattet wurden.

Die Artilleriekaserne, in der sich das KZ-Außenlager befand, ist längst abgerissen. Auf dem Areal stehen heute die Anne-Frank- und die Erich-Kästner-Schule. Seit dem 12. April 2015, dem Jahrestag des Massakers an den 41 völlig geschwächten und kranken Häftlingen, hängt an deren Eingang eine nun auch die Fakten beim Namen nennende Gedenktafel für die Opfer des Konzentrationslagers.

Ein weiteres Erinnerungszeichen findet sich im Offenburger Kulturforum, dem Komplex der früheren Ihlenfeldkaserne, heute Standort zahlreicher kultureller Einrichtungen rund um den Platz der Verfassungsfreunde. In einer Ecke des ehemaligen Kasernenhofes liegt unter einem Birkenhain eine kleine Gedenktafel mit der – an Mahnmalinschriften der 1960er-Jahre erinnernden – Inschrift: „Die Würde des Menschen ist unantastbar –

1933–1945 – 12.4.1945 – 4.5.1945". Damit soll sowohl allgemein der Opfer des Zweiten Weltkriegs als auch der ermordeten KZ-Häftlinge sowie der durch die Explosion in der Ihlenfeldkaserne getöteten Zwangsarbeiter gedacht werden. Was nur enträtseln kann, wer um die Geschichte weiß.

► *Weitere Gedenkorte in der Nähe*

Wie in Kehl (→ S. 161) fielen im Rahmen der „Schwarzwälder Blutwoche" auch in Offenburg Mitglieder der französischen Widerstandsorganisation Réseau Alliance den NS-Schergen zum Opfer. Im Bohlsbacher Wald nahe der Straße zwischen dem Ortsteil Rammersweier und Durbach erschoss ein SS-Mordkommando am 27. November 1944

Gedenktafel für die vier am 27. November 1944 im Bohlsbacher Wald ermordeten französischen Widerstandskämpferinnen

vier Französinnen, die vorher ein Jahr lang im Offenburger Gefängnis inhaftiert waren. Angesichts schnell vorrückender alliierter Truppen und des sich abzeichnenden Kriegsendes noch sämtliche ZeugInnen ihrer Verbrechen zu beseitigen, war auch das Ziel eines weiteren Massakers: Am 6. Dezember 1944 erschossen Angehörige der Gestapo auf dem Rammersweier Talebuckel elf junge Männer. Sie stammten überwiegend aus dem kleinen elsässischen Örtchen Vieux-Thann und hatten sich dem lokalen Widerstand, dem Maquis de la Waldkapelle, angeschlossen.

Für beide Massaker ließen die Franzosen im Jahr 1947 vier Gedenksteine errichten: Jeweils eines direkt an der Straße, das andere am Tatort. Seit November 2003 sind Rammersweier und Vieux-Thann durch eine Gemeindepartnerschaft verbunden.

Vertiefende Informationen

Brenneisen, Marco: Schlussstriche und lokale Erinnerungskulturen: Die „zweite Geschichte" der südwestdeutschen Außenlager des KZ Natzweiler seit 1945, Stuttgart 2020

Das Grab der Widerstandskämpferin Hilde Meisel in Feldkirch (34)

Das Grab Hilde Meisels auf dem evangelischen Friedhof in Feldkirch

Hilde Meisel ist eine der vielen – heute weitgehend in Vergessenheit geratenen – Frauen, die ihr Leben ganz dem Kampf gegen das Nazi-Regime verschrieben hatten. Sie wurde am 17. April 1945 in Feldkirch-Tisis bei dem Versuch, in geheimer Mission über Liechtenstein in die Schweiz zu gelangen, von Grenzbeamten erschossen. Ihr schlichter Grabstein trägt einen der von ihr im Widerstand verwendeten Decknamen und die Inschrift: „Sie lebte und starb im Dienste der sozialistischen Idee".

Leben im Dienst der sozialistischen Idee

Was von dem kurzen Leben der Hilde Meisel (1914–1945) bekannt ist, gibt der Inschrift recht: Sie leistete Kurierdienste, schmuggelte Literatur und Informationen nach und aus Deutschland, half verfolgten Menschen bei der Flucht, schrieb mehrere Bücher und unterstützte alliierte Geheimdienste im Kampf gegen die Nazis.

Hilde Meisel wurde am 31. Juli 1914 in Wien geboren. Bereits ein Jahr später zog ihre assimilierte bürgerlich-jüdische Familie von Wien nach Berlin, wo Hilde bereits im Alter von 15 Jahren dem Internationalen Sozialistischen Kampfbund (ISK) beitrat. Von ausgeschlossenen SPD-Mitgliedern 1925 gegründet, war diese Gruppierung während der Weimarer Republik aktiv im Kampf gegen den Nationalsozialismus. So veröffentlichte der ISK zur Reichstagswahl von Juli 1932 den „Dringenden Appell", in dem zum Zusammengehen von SPD und KPD aufgerufen wurde. Unterzeichnet hatten ihn unter anderem Käthe Kollwitz, Erich Kästner, Heinrich Mann, Ernst Toller, Arnold Zweig und Albert Einstein.

Hilde Meisel

Hilde Meisel war 1932 für das ISK-Organ „Der Funke" als Korrespondentin in Paris tätig; sie schrieb unter anderem Artikel über die ökonomischen Probleme Frankreichs, Englands und Spaniens. Als die Machtübergabe an die Nationalsozialisten 1933 erfolgte, befand sie sich zu einem Studienaufenthalt an der London School of Economics. Sie blieb in England, konnte aber noch lange unauffällig zwischen London und Berlin pendeln. So pflegte sie weiterhin intensiven Kontakt zu politischen FreundInnen, leistete Kurierdienste, schmuggelte Literatur und Informationen nach und aus Deutschland und half verfolgten Menschen bei der Flucht. 1938 beteiligte sie sich intensiv an der Rettungsaktion für den Strafverteidiger Hans Litten, einen engen Freund ihrer Schwester Margot. Litten, der vor 1933 viele ArbeiterInnen vor Gericht vertreten und mit seiner Verteidigungsstrategie in spektakulären Prozessen versucht hatte, die Planmäßigkeit der NS-Gewalt aufzuzeigen, war am 28. Februar 1933 in „Schutzhaft" genommen und in mehreren Konzentrationslagern fürchterlichen Folterungen unterzogen worden. Es gelang Hilde Meisel, dass am 26. Januar 1938 im „Manchester Guardian" ihr Solidaritätsaufruf unter dem Titel „The Tragic Case of Hans Litten" veröffentlicht wurde. Aber alle Interventionen blieben erfolglos: Am 5. Februar 1938 erhängte sich Hans Litten, um weiteren Folterungen zu entgehen, im KZ Dachau.

Im selben Jahr ging Hilde Meisel, um die britische Staatsangehörigkeit zu erlangen, eine Scheinehe mit John Olday ein, verwendete aber auch danach meist ihr Pseudonym Hilda Monte. Unter diesem Namen veröffentlichte sie 1940 zusammen mit Fritz Eberhard – nach dem Krieg zunächst Mitglied des Landtags von Württemberg-Baden, von 1949 bis 1958 Intendant des Süddeutschen Rundfunks – das Buch „How to conquer Hitler". Sie hielt Vorträge und verfasste Zeitungsartikel und für deutsche HörerInnen ausgestrahlte Radiobeiträge des BBC-Senders „Europäische Revolution", über den sie auch im Dezember 1942 von der begonnenen Massenvernichtung des jüdischen Volkes berichtete: *„Was heute in Polen geschieht: die kaltblütige Ausrottung des jüdischen Volkes, das geschieht in Ihrem Namen, im Namen des deutschen Volkes. [...] Beweisen Sie diesen Menschen Ihre Solidarität, auch wenn es Mut kostet – gerade wenn es Mut kostet."*.

Hilde Meisels Hauptinteresse galt darüber hinaus der Frage, wie Deutschland nach einer Niederlage des Nationalsozialismus human und gerecht wiedererrichtet und die Fehler der Weimarer Republik verhindert werden könnten. Ihre Gedanken dazu legte sie in ihrem 1943 erschienenen Buch „The Unity of Europe" nieder.

Endstation Feldkirch

Nachdem Hilde Meisel vorher in der Nähe von London für Einsätze zur Unterstützung des innerdeutschen Widerstandes ausgebildet worden war, setzte sie eine britische Militärmaschine im Herbst 1944 auf französischem Gebiet in der Nähe von Genf ab: Für eine vom US-amerikanischen Geheimdienst Office for Strategic Services (OSS), vom britischen Geheimdienst Special Operations Executive (SOE) und von österreichischen Sozialisten geplante Infiltrationsoperation sollte sie Kontakt zum Vorarlberger Widerstand herstellen. ISK-Kontaktleute brachten sie in die Schweiz, von wo aus sie nach weiteren Vorbereitungen vermutlich im Februar 1945 unter dem Decknamen Eva Schneider unbehelligt nach Vorarlberg gelangte. Nach Abschluss ihrer Mission versuchte sie am frühen Morgen des 17. April 1945, im Wald oberhalb von Tisis über Liechtenstein zurück in die Schweiz zu gelangen. Nahe der Grenze wurde sie von Grenzwächtern aufgegriffen und beim Versuch zu fliehen angeschossen. Wenig später erlag Hilde Meisel wegen starken Blutverlustes ihren Verletzungen. Wie für so viele andere Opfer der Nazi-Diktatur wurde auch für sie der Grenzort Feldkirch zum Schicksalsort. Mit dem Geld, das sie bei sich trug, bezahlte das zuständige Landratsamt die Bestattungskosten auf dem evangelischen Friedhof der Stadt. Ihre wahre Identität konnte erst zwei Jahre später ermittelt werden.

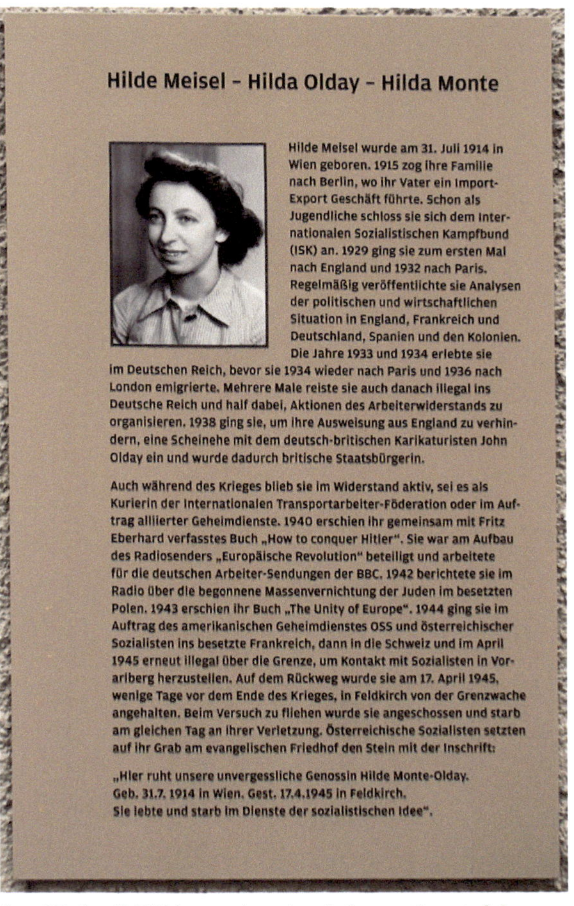

Am 17. April 2021 angebrachte Informationstafel am Grab Hilde Meisels

Am 17. April 2021, ihrem 76. Todestag, wurde auf Initiative des Jüdischen Museums Hohenems im Rahmen einer Gedenkveranstaltung an Hilde Meisels Grab eine Informationstafel angebracht, die Aufschluss über ihr Leben und Schaffen im Dienste der sozialistischen Idee gibt.

▶ *Weitere Gedenkorte in der Nähe*

Außer ihrem Grab in Feldkirch erinnert das rund zwanzig Kilometer entfernte Jüdische Museum in Hohenems (→ S. 81) mit einigen Exponaten an die Jüdin Hilde Meisel.

Seit November 2015 wird sie auch in Bregenz gewürdigt. Sie gehört zu den Frauen und Männern, die mit dem dortigen Widerstands- und Deserteursdenkmal (→ S. 91) geehrt werden: Früheren Abfahrtstafeln an Bahnhöfen und Flughäfen gleich, sind auf der elektronisch gesteuerten Faltblattanzeige in einer Endlosschleife die Namen und Daten von 100 Menschen zu lesen, die stellvertretend für all jene stehen, die sich dem nationalsozialistischen Unrechtsregime entgegengestellt hatten.

Würdigung Hilde Meisels in Bregenz

Vertiefende Informationen

Bergbauer, Knut: Den Namenlosen ein Denkmal setzen, 2004 (www.freitag.de/autoren/der-freitag/den-namenlosen-ein-denkmal-setzen)

Gedenkstätte Deutscher Widerstand: Hilde Meisel (www.gdw-berlin.de/vertiefung/biografien/personenverzeichnis/biografie/view-bio/hilde-hilda-monte-meisel)

Kuntner, Angelika Rosina: Ein Tod bei Feldkirch. Leben und Werk der Widerstandskämpferin Hilde Monte-Olday (1914–1945), Johann-August-Malin-Gesellschaft 2009 (https://www.malingesellschaft.at/pdf/Kuntner - Monte-Olday.pdf)

Pirker, Peter: Subversion deutscher Herrschaft – Der britische Kriegsgeheimdienst SOE und Österreich, Göttingen 2012

Befreite KZ-Häftlinge auf der Mainau – Erinnerungslücken auf der Blumeninsel (35)

Die Gedenkstätte auf der Insel Mainau

Mitte Mai 1945, nur wenige Tage nach Ende des NS-Regimes, requirierte die französische Armee die Insel Mainau und brachte darauf befreite schwerkranke französische Häftlinge des KZ Dachau unter, die sich hier vor der Heimkehr erholen sollten. Von den etwa 300 Frauen und Männern starben 34 während ihres Aufenthaltes auf der Insel. Darunter auch, bisher negiert, Angehörige anderer Nationen und jüdische Auschwitz-Überlebende.

Vom „Kraft durch Freude"-Blumenparadies …

Die Insel Mainau war 1930 im Erbgang von der großherzoglich badischen Familie an den Prinzen Wilhelm von Schweden übergegangen, der sie 1932 seinem damals 23-jährigen Sohn Lennart zur Nutzung überließ. Lennart Bernadotte hatte durch „nicht standesgemäße" Eheschließung sämtliche Titel und Erbansprüche an das schwedische Königshaus verloren und machte die Insel Mainau zu seinem neuen Wohnsitz. Um dafür eine finanzielle Grundlage zu schaffen, öffnete er die Insel dem Tourismus und entwickelte die „Blumeninsel" zu einem begehrten Reiseziel der NS-Freizeitorganisation „Kraft durch Freude" (KdF). Ziel dieser im November 1933 gegründeten Organisation war die Stärkung der nationalsozialistischen Volksgemeinschaft und die Vervollkommnung und Veredelung der deutschen („arischen") Menschen; die gemeinsam verbrachte Freizeit sollte sie zu einer starken, anderen Völkern überlegenen Gemeinschaft zusammenschweißen. Bereits in

Das Schwedenkreuz, eine Kreuzigungsgruppe aus dem 30-Jährigen Krieg am Zugang zur Blumeninsel

der Saison 1934 trafen die ersten KdF-Urlauberzüge aus dem ganzen Deutschen Reich in Konstanz ein. Die Mainau, nun deutschlandweit als „Blumeninsel" mit mediterranem Flair beworben, entwickelte sich sehr schnell zum vielbesuchten Reiseziel am Bodensee. Die Gäste – im Jahr 1938 bereits 275.000 Menschen, die nun in der „Schwedenschänke" auch bewirtet werden konnten – kamen auch per Schiff aus Meersburg und Überlingen. Die Einnahmen aus dem KdF-Tourismus rissen auch in den ersten Kriegsjahren nicht ab, 1942 reichten sie sogar noch einmal annähernd an das Vorkriegsjahr 1938 heran. Lennart Bernadotte selbst hatte mit seiner Familie am 28. September 1939 während des deutschen Überfalls auf Polen die Insel in Richtung Schweden verlassen und seinen Verwalter mit deren Betreuung beauftragt. Als im Frühjahr 1943 die Besucherzahlen dann aber abrupt abbrachen, konnte er die Insel im Sommer 1943 für monatlich 5000 Reichsmark an die Organisation Todt (OT) verpachten, eine paramilitärische Bautruppe des Rüstungsministeriums von Albert Speer, die dort ein (nie realisiertes) Erholungsheim für Rüstungsindustrielle plante. Stattdessen wurde die Insel im Oktober 1944 vom Auswärtigen Amt französischen Kollaborateuren um den Faschisten Jacques Doriot als Aufenthaltsort zugewiesen; Doriot bot sich den Nazis als schlagkräftige Alternative zum Vichy-Regime an, das nach der Landung der Alliierten im Juni 1944 nach Sigmaringen geflohen war. Doriots Versuch, von der Mainau aus Frankreich von der „gaullistisch-kommunistischen" Herrschaft zu befreien, endete mit seinem Tod bei einem Fliegerangriff am 22. Februar 1945 in der Nähe von Mengen.

… zum Hospital für befreite KZ-Überlebende

Am 26. April 1945 nahmen französische Truppen Konstanz ein, einen Tag später auch die Insel Mainau. Die gesamte Region wurde Teil der französischen Besatzungszone. Am 29. April 1945 erreichten US-amerikanische Truppen das Konzentrationslager Dachau und befreiten dort über 30.000 Häftlinge, unter ihnen auch viele aus Frankreich. Da in der katastrophalen Schlussphase des NS-Regimes im KZ Typhus ausgebrochen war, verhängten die Amerikaner eine Quarantäne und untersagten den Franzosen, ihre Landsleute sofort nach Hause zu holen. Genehmigt wurde lediglich, sie unter strengen Auflagen in die französische Zone zu bringen. So requirierte die französische Armee am 17. Mai die Inseln Mainau und Reichenau zu ihrer Unterbringung. Auf der Mainau wurden 300 Betten für schwer kranke unterernährte Überlebende eingerichtet, auf der Insel Reichenau 2000 Plätze für weniger kranke KZ-Häftlinge bereitgestellt, die sich erholen beziehungsweise die Quarantänezeit abwarten mussten. Und 1000 Betten wurden im Krankenhaus Reichenau, der ehemaligen Heil- und Pflegeanstalt, für Menschen mit ansteckenden Krankheiten aufgebaut (hier hatte zuletzt eine NS-Eliteschule bestanden).

Der physische und psychische Zustand der auf der Mainau Angekommenen war grauenerregend, wie ein Journalist schrieb: *„Im Park trifft man fast überall auf Männer mit rasiertem Schädel, fremdartigem Blick, ihre Kleider flattern um ihre schrecklich abgemagerten Glieder. Sie irren umher auf der Suche nach ich weiß nicht was, zweifellos auf der Suche nach sich selbst.“* (zit. n. Moser, S. 62) Unterernährung, Mangelerkrankungen, Hungerödeme, Durchfall und nicht heilende Wunden gaben vielen Opfern der nationalsozialistischen Lager ein greisenhaftes Aussehen.

Die St. Galler „Volksstimme“ berichtete am 14. Juli 1945 über das Lazarett: *„Das Bild, das sich uns in seinen Zimmern bot, war furchtbar. Es sind dort Opfer aus den Konzentrationslagern Buchenwald und Dachau untergebracht, die sich von den furchtbaren Leiden offenbar nicht mehr zu erholen vermögen und für deren Pflege wissenschaftliche Hilfe durch eine Ärztedelegation aus Paris herbeigeholt worden ist. Seit Wochen liegen diese abgemagerten Gestalten in ihren Betten, werden nach den neuesten wissenschaftlichen Methoden ernährt, ohne daß Kraft und Gesundheit in ihre Glieder zurückkehrten.* [...] *ein kleiner Friedhof findet sich auch schon in dem großen Park, und er wird größer werden.“*

Bis zur Schließung des Lazaretts Mitte September 1945 starben mindestens 34 Menschen auf der Insel. Sie wurden auf dem für sie angelegten kleinen Friedhof unterhalb des Schlosses bestattet. Lennart Bernadotte sorgte 1946 – nicht ohne sich entstandenen Schaden ersetzen zu lassen – für die Auflösung dieses Friedhofs und die Umbettung der Leichname auf den Konstanzer Hauptfriedhof. Alle Toten wurden zwischen 1947 und 1949 nach Frankreich überführt.

Eine Gedenkstätte war lange unerwünscht

Es ist dem Regionalhistoriker Arnulf Moser und seinem 1995 veröffentlichten Buch „Die andere Mainau 1945. Paradies für befreite KZ-Häftlinge“ zu danken, dass die Geschehnisse auf der Mainau überhaupt einer breiteren Öffentlichkeit bekannt wurden. Schon damals kam die Forderung nach einer Gedenktafel auf. Doch ein Mahnmal war zu Lennart Bernadottes Lebzeiten (1909–2004) undenkbar: *„Ich denke nicht gern an die Okkupationstage zurück, die viel schlimmer waren als die Nazizeit.“* (zit. n. Burchardt et al., S. 4)

Wieder aufgenommen wurde die Forderung nach einer Gedenkstätte auf der Mainau im Jahr 2010 von der Deutsch-Französischen Vereinigung Konstanz (DFV), die Arnulf Mosers Recherchen aufgriff und einen entscheidenden Anstoß gab, ein Erinnerungszeichen für die auf der Mainau verstorbenen ehemaligen KZ-Häftlinge zu schaffen. Da der öffentliche Druck nicht nachließ, sahen sich Gräfin Bettina Bernadotte und Graf Björn

Die drei Gedenkstelen mit den Worten des Dichters Antoine de Saint-Exupéry

Bernadotte Ende 2011 veranlasst, eine Historikerkommission einzusetzen. Ihr gehörten der Geschichtswissenschaftler Prof. Dr. Lothar Burchardt, der Direktor der Städtischen Museen Konstanz, Dr. Tobias Engelsing, und Dr. Jürgen Klöckler, der Leiter des Stadtarchivs Konstanz, an. Sie analysierten die Geschichte der Insel Mainau zwischen 1930 und der Nachkriegszeit, sichteten Quellen und berieten die EigentümerInnen der Mainau auch bei der Erarbeitung eines Gesamtkonzepts.

Am 18. November 2012 wurde schließlich im Beisein des französischen Botschafters Maurice Gourdault-Montagne und viel regionaler Politprominenz die Gedenkstätte eingeweiht. Sie besteht aus drei Granitstelen; in die Hauptstele sind die Worte des Dichters Antoine de Saint-Exupéry eingelassen: „Mensch sein heißt verantwortlich sein". Auf einer Gedenktafel wird seither namentlich an 25 „ehemalige französische Häftlinge des nationalsozialistischen Konzentrationslagers in Dachau" erinnert, „die nach der Befreiung durch alliierte Truppen im Frühjahr 1945 im damaligen Notlazarett der französischen Armee auf der Insel Mainau an den Folgen der zuvor erlittenen Lagerhaft gestorben sind."

Als die Gedenkstätte damals eingeweiht wurde, gab die Tafel berechtigten Anlass zur Hoffnung auf weitergehende Forschung. Stand doch dort: „Die Erinnerung an das Leben von Menschen ist flüchtig. So können derzeit nur die Daten von 25 der vermutlich 33 auf der Insel Mainau gestorbenen Ex-Häftlinge genannt werden. Zum Leben der Übrigen sind weitere Recherchen nötig, um unsichere Überlieferungen zu klären."

Auch jüdische Auschwitz-Überlebende starben auf der Mainau

Doch diese weiteren Recherchen unterblieben. Dabei sind ihre Namen seit langem bekannt, und in den „Arolsen Archives – International Center on Nazi Persecution" (früher: Internationaler Suchdienst) und beim United States Holocaust Memorial Museum

Bien que venant d'être libérés, ils ne purent pourtant rentrer chez eux.

En mémoire de 25 anciens prisonniers français du camp de concentration de Dachau qui, après leur libération par les troupes alliées au printemps 1945, emmenés à l'île de Mainau, décédèrent des suites des mauvais traitements subis lors de leur détention dans l'hôpital militaire français alors installé sur l'île.

Schon in Freiheit, konnten sie doch nicht mehr heimkehren.

Zur Erinnerung an 25 ehemalige französische Häftlinge des nationalsozialistischen Konzentrationslagers in Dachau, die nach der Befreiung durch alliierte Truppen im Frühjahr 1945 im damaligen Notlazarett der französischen Armee auf der Insel Mainau an den Folgen der zuvor erlittenen Lagerhaft gestorben sind.

Although finally free, they were never to see their homeland again.

In memory of 25 former French prisoners of the concentration camp in Dachau, who after liberation by allied forces in spring 1945 were brought to the French military field hospital on Mainau Island where they died as a result of the atrocities they had suffered during their imprisonment.

ANDRE, Auguste
*04.01.1896 Saint-Etienne-lès-Remiremont, †09.06.1945 Mainau

BAIXAS, Emile; mécanicien/Mechaniker/mechanic
*10.01.1922 Tautavel, †25.05.1945 Mainau

BOVEE, André
*01.01.1924 Trondes, †26.05.1945 Mainau

BRIL, Eugénie
*26.06.1926 Rotterdam, †11.06.1945 Mainau

CAILLON, Aimé
*09.06.1926 Saint-Claude, †05.06.1945 Mainau

CAILLOT, George; chauffeur mécanicien/Fahrer & Mechaniker/driver & mechanic
*25.11.1897 Paris, †26.05.1945 Mainau

CHITRE, Louis; ouvrier métallurgiste/Stahlarbeiter/steel worker
*16.04.1903 Brest, †22.05.1945 Mainau

COLLIN, Jean
*12.05.1920 Paris, †20.06.1945 Mainau

DELELIS, Marcel
*07.10.1922 Gonnehem, †04.06.1945 Mainau

DETRY, Marc
*10.02.1915 Banthelu, †23.08.1945 Mainau

DICHE, Maurice; gardien de la paix/Schutzpolizist/constable
*22.04.1921 Trémonzey, †16.06.1945 Mainau

GAHINET, Vincent
*29.11.1922 Pluneret, †25.05.1945 Mainau

GAMBIER, Auguste
*03.07.1905 Bayonne, †22.05.1945 Mainau

GRANIER, Lionel
*26.01.1922 Castries, †26.07.1945 Mainau

HENRY, Auguste; agriculteur/Landwirt/farmer
*31.01.1913 Saint-Pol-sur-Mer, †24.05.1945 Mainau

HOSOTTE, Jean
*31.05.1925 Plancher-les-Mines, †28.05.1945 Mainau

JOUANY, Marcel; gendarme/Gendarm/policeman
*07.04.1920 Vallières, †22.05.1945 Mainau

KERAVEC, Simon; ouvrier agricole/Feldarbeiter/farm worker
*30.09.1922 Audierne, †26.05.1945 Mainau

LIMANDAS, Joseph; gardien de la paix/Schutzpolizist/constable
*14.09.1917 Fareins, †22.05.1945 Mainau

NICOLAS, Marcel; électricien/Elektriker/electrician
*06.08.1925 Ippling, †04.06.1945 Mainau

PERIGROSSE, Edmond
*09.01.1915 Gouloux, †09.09.1945 Mainau

POUCLET, Henri
*25.02.1920 Vaire, †27.05.1945 Mainau

RAPARIE, Guillaume; chauffeur/Fahrer/driver
*23.10.1896 Paris, †19.05.1945 Mainau

ROUSSELOT, Bernard
*30.10.1924 Paris, †11.09.1945 Mainau

TROTAIN, Clair; ouvrier tourneur/Drechsler/wood lathe turner
*15.08.1897 La Rivière-Saint-Sauveur, †17.07.1945 Mainau

Le souvenir que nous gardons de ceux qui ont vécu est fugitif. C'est pourquoi nous ne connaissons les données que de 25 anciens prisonniers sur 33 présumés morts à Mainau. En ce qui concerne les autres, des recherches sont nécessaires pour vérifier les informations encore incertaines dont nous disposons. Des organisations ainsi que des services officiels français participent activement à ces recherches, Mainau les en remercient sincèrement.

Ce témoignage à leur mémoire a été érigé par l'Administration de Mainau sous l'impulsion du Dr. Arnulf Moser et de l'Association franco-allemande de Constance.

Famille Bernadotte, novembre 2012

Die Erinnerung an das Leben von Menschen ist flüchtig. So können derzeit nur die Daten von 25 der vermutlich 33 auf der Insel Mainau gestorbenen Ex-Häftlinge genannt werden. Zum Leben der Übrigen sind weitere Recherchen nötig, um unsichere Überlieferungen zu klären. Auch an der weiteren Recherche sind offizielle französische Stellen und Vereinigungen hilfreich beteiligt, wofür die Insel Mainau herzlich dankt.

Dieses Erinnerungszeichen wurde von der Mainau GmbH auf Anregung von Dr. Arnulf Moser und der deutsch-französischen Vereinigung Konstanz errichtet.

Familie Bernadotte, November 2012

The memory of people's lives is fleeting. At present, it is only possible to name 25 of the presumed 33 former prisoners who died on Mainau Island. More research is needed to clarify information about the names and lives of the others. Mainau Island would like to thank official French offices and associations for their help with further research.

This memorial was erected by Mainau GmbH at the suggestion of Dr. Arnulf Moser and the Franco-German alliance at Constance.

The Bernadotte family, November 2012

Und die in mehrfacher Hinsicht fehlerhafte Gedenktafel

Washington befinden sich viele Original-Dokumente, die über das Schicksal der „übrigen" Verstorbenen Auskunft geben können.

So brachten meine Recherchen zu dem im Juli 2020 auf seemoz.de erschienenen Artikel „Ausflüge gegen das Vergessen: Die andere Mainau" schnell zutage, dass längst nicht nur Franzosen während ihres Aufenthalts auf der Mainau starben. Auch Angehörige anderer Nationen, darunter auch jüdische Auschwitz-Überlebende, gehörten zu den Toten – werden aber an der Gedenkstätte seit vielen Jahren negiert.

Einer dieser „Übrigen", die auch zehn Jahre, nachdem ihre Namen bekannt wurden, und neun Jahre nach Errichtung der Gedenkstätte noch immer nicht namentlich erwähnt werden, ist Berthold Krebs. Der am 4. Juni 1913 in Berlin geborene jüdische Zahntechniker siedelte nach Apeldoorn über und nahm die niederländische Staatsangehörigkeit an. Zusammen mit seiner jungen Familie wurde er am 29. August 1942 verhaftet und im

Rahmen der „Entjudung“ der Niederlande zunächst nach Kamp Westerbork verschleppt. Dieses „Judendurchgangslager“ war zwischen Juli 1942 und September 1944 der Ausgangspunkt für annähernd einhundert Züge in die Vernichtungslager Auschwitz-Birkenau und Sobibor, nach Theresienstadt und Bergen-Belsen. Über 100.000 niederländische und deutsche Jüdinnen und Juden wurden im Wochentakt deportiert. Berthold Krebs' Frau Josefine, seine fünfjährige Tochter Carola und seine beiden Söhne Rudolf und Paul (vier und zwei Jahre alt) mussten sofort bei der Ankunft in Auschwitz im Februar 1943 ins Gas. Er selbst überlebte Auschwitz. Er überlebte auch das Konzentrationslager Mauthausen, in das er im Januar 1945 verlegt wurde. Am 27. Juni 1945 starb er an den Folgen der zuvor erlittenen Lagerhaft auf der Insel Mainau.

Auch die junge Niederländerin Eugenie Nicolette Bril wurde zusammen mit ihren Eltern über Kamp Westerbork nach Auschwitz deportiert. Ihr Vater starb am 1. Oktober 1944 in Auschwitz. Sie selbst überlebte Theresienstadt und Auschwitz, gehörte nach der Befreiung aber zu jenen 34 Menschen, die auf der Insel Mainau starben. Wo sie an der 2012 errichteten Gedenkstätte noch immer als „Französin“ geführt wird.

Ein Mensch ist erst dann vergessen, wenn auch sein Name vergessen ist

Als Folge meiner Recherchen hat Arnulf Moser weitere Nachforschungen zu den bisher nicht genannten Menschen angestellt, die auf der Mainau verstarben, und alle zusammengetragenen Unterlagen an die Mainau gesandt. Daraufhin beriefen die Mainau-Verantwortlichen Anfang Oktober 2020 erneut die Historikerkommission ein.

Das Ergebnis dieser Konsultation – ob es Planungen gibt, die Gedenktafel endlich zu korrigieren – wurde leider bisher nicht publik. Bis zur Drucklegung dieses Buches finden noch immer mindestens neun weitere im Notlazarett auf der Mainau verstorbene Menschen auf der Gedenktafel keinerlei Erwähnung. Und auf dem äußerst ausführlichen Inselplan, der neben allen Sehenswürdigkeiten auch wirklich jede Poststelle und Mülltrennstation ausweist, ist bis heute noch nicht einmal der Standort der Gedenkstätte verzeichnet.

Vertiefende Informationen

Burchardt, Lothar / Engelsing, Tobias / Klöckler, Jürgen: Gutachten – Lennart Bernadotte (1909–2004) während der Zeit des Nationalsozialismus und in den unmittelbaren Nachkriegsjahren“, Konstanz 2014 (www.mainau.de/files/content/7_0_unternehmen/Chronik/GutachtenLennartBernadotte2014.pdf)

Moser, Arnulf: Die andere Mainau 1945. Paradies für befreite KZ-Häftlinge, überarbeitete Neuauflage, Konstanz 2020

Keller, Urs Oskar: Flecken auf der Blumenpracht: Vor 75 Jahren, nach Kriegsende kamen einstige KZ-Häftlinge zur Erholung auf die Insel Mainau. Ein Blick zurück, in: Saiten – Ostschweizer Kulturmagazin, Juni 2020, S. 64f.

Zeittafel

1933

30. Januar 1933	Ernennung Adolf Hitlers zum Reichskanzler durch den Reichspräsidenten Paul von Hindenburg
4. Februar 1933	„Verordnung des Reichspräsidenten zum Schutze des Deutschen Volkes“ (Einschränkung der Versammlungs- und Pressefreiheit)
28. Februar 1933	„Verordnung des Reichspräsidenten zum Schutz von Volk und Staat“ („Reichstagsbrandverordnung“, Außerkraftsetzung der Grundrechte)
Mitte März 1933	Eröffnung KZ Heuberg in Stetten am kalten Markt
23. März 1933	Verhaftung Fritz Bauer in Stuttgart
24. März 1933	„Gesetz zur Behebung der Not von Volk und Reich“ („Ermächtigungsgesetz“, Grundlage zur Aufhebung der Gewaltenteilung)
April 1933	Eröffnung KZ Kislau
April 1933	Eröffnung KZ Ankenbuck
9. September 1933	Ermordung Salomon Leibowitsch im KZ Heuberg
November 1933	Eröffnung KZ Oberer Kuhberg

1934

1. Januar 1934	Inkrafttreten des „Gesetzes zur Verhütung erbkranken Nachwuchses“

1935

27. März 1935	Verhaftung des Reichstagsabgeordneten Max Maddalena
28. Juni 1935	Mit dem „Gesetz zur Änderung des Strafgesetzbuches“ wird das gesunde Volksempfinden zu einem Rechtsbegriff
15. September 1935	Erlass der „Nürnberger Gesetze“ (auch: Nürnberger Rassengesetze)
7. Dezember 1935	Verhaftung Lilo Herrmann in Stuttgart

1936

August 1936	Gründung der Rassenhygienischen und bevölkerungsbiologischen Forschungsstelle (sie lieferte die pseudowissenschaftliche Grundlage für die Ermordung und Zwangssterilisation Zehntausender Sinti und Roma).

1937

März 1937	„Rassenbiologische“ Erfassung der in Ravensburg lebenden Sinti durch die Rassenhygienische und bevölkerungsbiologischen Forschungsstelle
November 1937	Errichtung des „Zigeunerlagers“ im Ravensburger Ummenwinkel

1938

12. März 1938	„Anschluss“ Österreichs
13. März 1938	Jura Soyfer wird nahe Gargellen festgenommen
20. Juni 1938	Hinrichtung von Lilo Herrmann
29. September 1938	Unterzeichnung des Münchner Abkommens: Annexion des Sudetengebiets durch Deutschland
5. Oktober 1938	„Verordnung über Reisepässe von Juden“: Einführung „J“-Kennzeichnung
9./10. November 1938	Novemberpogrome 1938
8. Dezember 1938	Runderlass zur Bekämpfung der Zigeunerplage

1939

16. Februar 1939	Jura Soyfer stirbt im KZ Buchenwald
1. September 1939	Deutscher Überfall auf Polen
17. Oktober 1939	„Festsetzungserlass“ zur Vorbereitung der Deportation aller Sinti und Roma aus dem Reichsgebiet
8. November 1939	Gescheitertes Hitler-Attentat Georg Elsers

1940

18. Januar 1940	Beginn der Vergasungen in der „Landespflegeanstalt Grafeneck“ (Ende 13. Dezember 1940; mindestens 10.654 Tote)
9. April 1939	Besetzung Dänemarks und Norwegens
10. Mai 1939	Angriff auf Belgien, Luxemburg und die Niederlande
12. Mai 1939	Angriff auf Frankreich
22. Oktober 1940	Wagner-Bürckel-Aktion, Deportation der badischen und saarpfälzischen Jüdinnen und Juden nach Gurs in Südfrankreich

1941

6. April 1941	Überfall auf Jugoslawien und Griechenland
Mai 1941	Eröffnung KZ Natzweiler-Struthof
22. Juni 1941	Angriff auf die Sowjetunion
Ende Juni 1941	Beginn der Ermordung fast der gesamten jüdischen Bevölkerung Litauens unter dem Kommando von Karl Jäger

September 1941	Pflicht zum Tragen des „Judensterns“
23. Oktober 1941	Ausreiseverbot für Jüdinnen und Juden
Herbst 1941	Auf dem Killesberg entsteht im Volkspark ein Sammellager für württembergische Jüdinnen und Juden und Sinti und Roma
1. Dezember 1941	Erste Deportation ab Stuttgart Nordbahnhof. Ziel: Riga
7. Dezember 1941	Nacht-und-Nebel-Erlass

1942

26. April 1942	Deportation ab Stuttgart Nordbahnhof. Ziel: Izbica
13. Juli 1942	Deportation ab Stuttgart Nordbahnhof. Ziel: Auschwitz
22. August 1942	Deportation ab Stuttgart Nordbahnhof. Ziel: Theresienstadt
Oktober 1942	Heuberg wird Ausbildungslager für das „Strafbataillon 999“

1943

1. März 1943	Deportation ab Stuttgart Nordbahnhof. Ziel: Auschwitz
13. März 1943	Verschleppung der Sinti aus Ravensburg
15. März 1943	Deportation von 260 Sinti und Roma ab Stuttgart Nordbahnhof. Ziel: Auschwitz
17. April 1943	Deportation ab Stuttgart Nordbahnhof. Ziel: Theresienstadt
17. Juni 1943	Deportation ab Stuttgart Nordbahnhof. Ziel: Auschwitz
9./10. Juli 1943	Landung der Alliierten auf Sizilien
August 1943	Vergasung von 86 Jüdinnen und Juden für den Aufbau der „jüdischen Schädelsammlung“ der Reichsuniversität Straßburg im KZ Natzweiler-Struthof
22. Oktober 1943	Tod des Reichstagsabgeordneten Max Maddalena im Zuchthaus Brandenburg-Görden
Dezember 1943	Eröffnung KZ Schömberg

1944

Januar 1944	Eröffnung KZ Schörzingen
11. Januar 1944	Deportation ab Stuttgart Nordbahnhof. Ziel: Theresienstadt
1. März 1944	Eröffnung KZ Frommern
6. Juni 1944	Alliierte Landung in der Normandie
Juni 1944	Eröffnung KZ Erzingen
Juli 1944	Beginn des Unternehmen „Wüste“ zur Treibstoffgewinnung des Ölschiefervorkommens am Rande der Schwäbischen Alb
Juli 1944	Eröffnung des Frauen-KZ in Geislingen an der Steige
20. Juli 1944	Gescheitertes Stauffenberg-Attentat auf Hitler
August 1944	Eröffnung KZ Bisingen
August 1944	„Aktion Gitter“, Massenverhaftungen nach dem Stauffenberg-Attentat

1.September 1944	Beginn der Arbeiten am Wüste-Werk im Eckerwald von Häftlingen des KZ Schörzingen
1./2. September 1944	Ermordung von 142 Frauen und Männer der französischen Widerstandgruppen „Réseau Alliance“ und „Groupe mobile Alsace Vosges“ im KZ Natzweiler-Struthof
September 1944	Zerstörung des Stuttgarter Justizgebäudes, der zentralen Hinrichtungsstätte des Südwestens
September 1944	Evakuierung des KZ Natzweiler-Struthof
September 1944	Eröffnung KZ Spaichingen
September 1944	Eröffnung KZ Überlingen-Aufkirch
November 1944	Eröffnung KZ Hailfingen-Tailfingen
23. November 1944	Beginn der „Schwarzwälder Blutwoche“, Ermordung von insgesamt 70 Mitgliedern der Widerstandsgruppe „Réseau Alliance“ vom 23.11.1944 bis 30.11.1944
Mitte Dezember 1944	Beginn Einsatz von Eisenbahn-Baubrigaden („rollenden KZ“) in Offenburg

1945

Januar 1945	Eröffnung KZ Dormettingen
27. Januar 1945	Befreiung des KZ Auschwitz durch sowjetische Truppen
6. Februar 1945	1200 Juden kommen aus Theresienstadt frei und dürfen in die Schweiz einreisen
12. Februar 1945	Deportation ab Stuttgart Nordbahnhof von sog. „Mischehepartnern“. Ziel: Theresienstadt
26. März 1944	Eröffnung KZ Offenburg
9. April 1945	Ermordung Georg Elser im KZ Dachau
17. April 1945	Die Widerstandskämpferin Hilde Meisel wird bei Feldkirch (Vorarlberg) erschossen
4. Mai 1945	114 befreite Zwangsarbeiter aus der Sowjetunion sterben in Offenburg bei der Explosion von Minen, die die Wehrmacht vor ihrem Abzug mit Zeitzündern scharf gemacht hatte.
8. Mai 1945	Deutsche Kapitulation, Kriegsende in Europa
17. Mai 1945	Die französische Armee errichtet auf der Bodensee-Insel Mainau ein Notlazarett für befreite schwerkranke Häftlinge des KZ Dachau

Anhang

Abkürzungsverzeichnis

DESt = Deutsche Erd- und Steinwerke GmbH
DGB Deutscher Gewerkschaftsbund
DP = Displaced Persons
DZOK = Dokumentationszentrum Oberer Kuhberg Ulm / KZ-Gedenkstätte
ISK = Internationaler sozialistischer Kampfbund
KdF = NS-Freizeitorganisation „Kraft durch Freude“
KPD = Kommunistische Partei Deutschlands
NSDAP = Nationalsozialistische Deutsche Arbeiterpartei
OSS = Office of Strategic Services, ein Nachrichtendienst des Kriegsministeriums der USA
OT = Organisation Todt
RAD = Reichsarbeitsdienst
SPD = Sozialdemokratische Partei Deutschlands
SOE = Special Operations Executive, britische nachrichtendienstliche Spezialeinheit während des Zweiten Weltkriegs
VVN-BdA = Vereinigung der Verfolgten des Naziregimes – Bund der Antifaschisten (Zusatz BdA seit 1971)

Abbildungsverzeichnis

S. 43: Foto Lilo Herrmann: Bundesarchiv, Bild Y 10-1625/65
S. 43: Broschüre zur Rettung Lilo Herrmanns: Bundesarchiv, Bild DY 55/V278/6/685
S. 45/48: Fotos Wanderung Teatro Caprile: Pit Wuhrer
S. 46: Foto Jura Soyfer: Alfred Klahr Gesellschaft, Wien
S. 54: Foto Paul Grüninger, vermutlich im Jahr 1939: wikimedia.org
S. 104: Koeppen-Kaserne: StA Radolfzell
Alle weiteren Fotos: Sabine Bade

Literaturverzeichnis

Abmayr, Hermann G. (Hg.): Stuttgarter NS-Täter – Vom Mitläufer bis zum Massenmörder, 2. Auflage, Stuttgart 2009

Benz, Wolfgang (Hg.): Der Ort des Terrors – Geschichte der nationalsozialistischen Konzentrationslager Band II, München 2005

Benz, Wolfgang / Czwalina, Johannes / Shambicca, Dan (Hg.): „Nie geht es nur um Vergangenheit" – Schicksale und Begegnungen im Dreiland 1933-1945, Weilerswist-Metternich 2018

„Bergier-Kommission", Band 17: Die Schweiz und die Flüchtlinge zur Zeit des Nationalsozialismus (www.akdh.ch/ps/uek.pdf)

Bickenbach, Wulff: Gerechtigkeit für Paul Grüninger, Köln 2009

Borgstedt, Angela et al. (Hg.): Mut bewiesen – Widerstandsbiographien aus dem Südwesten, Stuttgart 2017

Brenneisen, Marco: Schlussstriche und lokale Erinnerungskulturen – Die „zweite Geschichte" der südwestdeutschen Außenlager des KZ Natzweiler seit 1945, Stuttgart 2020

Burger, Oswald: Der Stollen, 13. Auflage, Eggingen 2019

Dür, Alfons: Unerhörter Mut. Eine Liebe in der Zeit des Rassenwahns, Innsbruck 2012

Eberhardt, Sybille: Als das ‚Boot' zur Galeere wurde – Wie jüdische Frauen und Mädchen aus Lodz und Umgebung Ghettoisierung, Lagerhaft in Auschwitz-Birkenau, … und Deportation nach Allach überlebten, Göppingen 2018

Eitel, Peter (Hg.): Ravensburg im Dritten Reich. Beiträge zur Geschichte der Stadt, 1997

Faulstich, Heinz: Von der Irrenfürsorge zur „Euthanasie". Geschichte der badischen Psychiatrie bis 1945, Freiburg 1993

Friedrich, Eckhardt / Schmieder, Dagmar (Hg.): Die Gailinger Juden, Konstanz, 4. Auflage 2010

Geschichtswerkstatt Singen: „Seid letztmals gegrüßt" – Biografische Skizzen und Materialien zu den Opfern des Nationalsozialismus in Singen, Singen 2005

Glauning, Christine: Entgrenzung und KZ-System. Das Unternehmen „Wüste" und das Konzentrationslager in Bisingen 1944/45, Berlin 2006

Haber, Esther (Hg.): Displaced Persons: Jüdische Flüchtlinge nach 1945 in Hohenems und Bregenz, 1998

Haus der Geschichte Stuttgart (Hg.): NS-Justiz in Stuttgart – Katalog zur Dauerausstellung des Hauses der Geschichte Baden-Württemberg im Landgericht Stuttgart, Stuttgart 2019

Hermlin, Stephan: Die erste Reihe, Berlin 1951

Hervé, Florence (Hg.): Natzweiler-Struthof – Ein deutsches KZ in Frankreich, Köln 2015

Hessenberger, Edith (Hg.): Grenzüberschreitungen – Von Schmugglern, Schleppern, Flüchtlingen, Schruns 2008

Hettinger, Anette / Brenneisen, Marco: NS-Zwangsarbeit im deutschen Südwesten – Entwicklung, Bedingungen und Erinnerung, in: Steinbach, Peter et al. (Hg.):

Entrechtet – verfolgt – vernichtet, NS-Geschichte und Erinnerungskultur im deutschen Südwesten, Stuttgart 2016, S. 377–411

Huth, Arno: Das doppelte Ende des „K.L. Natzweiler" auf beiden Seiten des Rheins, Neckarelz 2013

Jež, Anton: Der Stollen war unser Unglück und unser Glück. Erinnerungen an das KZ-Außenkommando Überlingen/Aufkirch, in: Benz, Wolfgang / Distel, Barbara (Hg.): KZ-Außenlager – Geschichte und Erinnerung (= Dachauer Hefte, Heft 15), Dachau 1999, S. 46-53

Kasper, Michael (Hg.): NS-Erinnerungsorte im Montafon, Schruns 2015

Kastilan, Jochen: Spaichingen – Das KZ im Gewann „Lehmgrube", in: Alte Synagoge Hechingen (Hg.): Möglichkeiten des Erinnerns – Orte jüdischen Lebens und nationalsozialistischen Unrechts im Zollernalbkreis und im Kreis Rottweil, Hechingen 1997, S. 80-83.

Kastilan, Jochen: Das Konzentrationslager Spaichingen, in: Spaichinger Stadtchronik, Spaichingen 1990

Keller, Stefan: Grüningers Fall. Geschichten von Flucht und Hilfe, Zürich (5. nachgeführte Auflage 2013, Originalausgabe 1993)

Kienle, Markus: Das Konzentrationslager Heuberg bei Stetten am kalten Markt, Ulm 1998

Klausch, Hans-Peter: Die 999er – Von der Brigade ‚Z' zur Afrika-Division 999: Die Bewährungsbataillone und ihr Anteil am antifaschistischen Widerstand, Frankfurt a.M. 1985

Kunter, Erich: Weltreise nach Dachau. Ein Tatsachenbericht nach den Erlebnissen des Weltreisenden und ehemaligen politischen Häftlings Max Wittmann, Bad Wildbad 1947

Landeszentrale für politische Bildung Baden-Württemberg (Hg.): „Evakuiert" und „Unbekannt verzogen" – Die Deportation der Juden aus Württemberg und Hohenzollern 1941 bis 1945, Stuttgart 2001

Landeszentrale für politische Bildung Baden-Württemberg (Hg.): Es war ein Bahnhof ohne Rampe. Ein Konzentrationslager am Fuße der Schwäbischen Alp, Stuttgart 2007

Loewy, Hanno (Hg.): Heimat Diaspora. Das Jüdische Museum Hohenems, Hohenems 2008

Loewy, Hanno / Niedermair, Peter (Hg.): Hier – Gedächtnisorte in Vorarlberg 38–45, Hohenems 2008

Mall, Volker: Die Häftlinge des KZ-Außenlagers Hailfingen/Tailfingen. Daten und Porträts aller Häftlinge, Norderstedt 2014

Mall, Volker / Roth, Harald: Jeder Mensch hat einen Namen – Gedenkbuch für die 600 jüdischen Häftlinge des KZ-Außenlagers Hailfingen/Tailfingen. Metropol Verlag, Berlin 2009

Moser, Arnulf: Die andere Mainau 1945. Paradies für befreite KZ-Häftlinge, überarbeitete Neuauflage, Konstanz 2020

Nachbaur, Ulrich: Als der Zug langsam in Feldkirch einfuhr, in: Rheticus, Vierteljahresschrift der Rheticus-Gesellschaft 1998, Heft 3/4, S. 273-294

Pahor, Boris: Nekropolis, Berlin 2001

Pichler, Meinrad: Nationalsozialismus in Vorarlberg. Opfer – Täter – Gegner, Innsbruck 2012

Pirker, Peter: Subversion deutscher Herrschaft – Der britische Kriegsgeheimdienst SOE und Österreich, Göttingen 2012

Proske, Wolfgang (Hg.): Täter Helfer Trittbrettfahrer – Band 5, NS-Belastete aus dem Bodenseeraum, 2. Auflage, Gerstetten 2016

Proske, Wolfgang (Hg.): Täter Helfer Trittbrettfahrer – Band 4, NS-Belastete aus Oberschwaben, 4. Auflage, Gerstetten 2015

Proske, Wolfgang (Hg.): Täter Helfer Trittbrettfahrer – Band 6, NS-Belastete aus Südbaden, 2. Auflage, Gerstetten 2017

Sattig, Esther: Das Zigeunerlager Ravensburg Ummenwinkel. Die Verfolgung der oberschwäbischen Sinti, Berlin 2016

Scherb, Ute: Tatort Kehl – die Ermordung französischer Widerstandskämpfer des Reseau Alliance, in: Borgstedt, Angela et al. (Hg.): Mut bewiesen – Widerstandsbiographien aus dem Südwesten, Stuttgart 2017, S. 493-500

Schönhagen, Benigna: Das Gräberfeld X. Eine Dokumentation über NS-Opfer auf dem Tübinger Stadtfriedhof, Tübingen 1987

Seiler, Lukrezia / Wacker, Jean-Claude: „Fast täglich kamen Flüchtlinge“: Riehen und Bettingen – zwei Grenzdörfer 1933 – 1948, Basel, 4. Auflage 2013

Steegmann, Robert: Das Konzentrationslager Natzweiler-Struthof und seine Außenkommandos an Rhein und Neckar 1941 – 1945, Berlin 2005

Steinbach, Peter et al. (Hg.): Entrechtet – verfolgt – vernichtet, NS-Geschichte und Erinnerungskultur im deutschen Südwesten, Stuttgart 2016

Steinbach, Peter / Tuchel, Johannes: Georg Elser: Der Hitler-Attentäter, Berlin 2010

Stöckle, Thomas: Grafeneck 1940. Die Euthanasie-Verbrechen in Südwestdeutschland, Tübingen, 3. Aufl. 2012

Wenge, Nicola: Die Etablierung des Terrors: Frühe Verfolgung der politischen Opposition in Baden und Württemberg. Geschichte und Nachgeschichte des KZ Oberer Kuhberg Ulm, in: Steinbach, Peter et al. (Hg.): Entrechtet – verfolgt – vernichtet, NS-Geschichte und Erinnerungskultur im deutschen Südwesten, Stuttgart 2016, S. 61–96

Weick, Käte: Widerstand und Verfolgung in Singen und Umgebung, Stuttgart 1982

Wette, Wolfram (Hg.): „Hier war doch nichts!“ – Waldkirch im Nationalsozialismus, Band 5 der Reihe Waldkircher Stadtgeschichte, 2019

Wette, Wolfram: Karl Jäger. Mörder der litauischen Juden, Frankfurt/M. 2011

Wette, Wolfram (Hg.): Stille Helden, Judenretter im Dreiländereck während des Zweiten Weltkriegs, Freiburg 2005

Wiehn, Erhard Roy: Camp de Gurs: zur Deportation der Juden aus Südwestdeutschland 1940, Konstanz 2010

Wolf, Friedrich: Lilo Herrmann. Die Studentin von Stuttgart, ein biographisches Poem, Berlin 1950

Wolter, Markus: Radolfzell im Nationalsozialismus – Die Heinrich-Koeppen-Kaserne als Standort der Waffen-SS, in: Schriften des Vereins für Geschichte des Bodensees und seiner Umgebung Heft 129, 2011

Zekorn, Andreas: Todesfabrik KZ Dautmergen. Ein Konzentrationslager des Unternehmens „Wüste". Mit einem Epilog zu dem polnischen Schriftsteller und KZ-Häftling Tadeusz Borowski. Stuttgart 2019

Weblinks

Gedenkstättenverbünde

DENKStättenkuratorium NS-Dokumentation Oberschwaben
www.dsk-nsdoku-oberschwaben.de
Gedenkstättenverbund Gäu-Neckar-Alb e.V.
www.gedenkstaettenverbund-gna.org
Gedenkstätten Südlicher Oberrhein
www.gedenkstaetten-suedlicher-oberrhein.de
Verbund der Gedenkstätten im ehemaligen KZ-Komplex Natzweiler e.V. (VGKN)
www.vgkn.eu und www.natzweiler.eu
Verein _erinnern.at_Nationalsozialismus und Holocaust: Gedächtnis und Gegenwart
www.erinnern.at

Gedenkstätten

Arbeitskreis „Wüste" Balingen
www.akwueste.de
Centre Européen du Résistant Déporté – Ancien camp de concentration de Natzweiler-Struthof
www.struthof.fr
Dokumentationsstätte Goldbacher Stollen und KZ Aufkirch in Überlingen e.V.
https://stollen-ueberlingen.de
Dokumentationszentrum Oberer Kuhberg Ulm e.V., KZ-Gedenkstätte
https://dzok-ulm.de
Gedenkstätte Grafeneck
www.gedenkstaette-grafeneck.de
Gedenkstätte Riehen
www.gedenkstaetteriehen.ch
Georg-Elser-Gedenkstätte
www.georg-elser-gedenkstaette.de
Initiative Gedenkstätte Eckerwald e. V.
www.eckerwald.de
Initiative KZ-Gedenken in Spaichingen e. V.
www.kz-gedenken-spaichingen.de

Johann-August-Malin-Gesellschaft – Historischer Verein für Vorarlberg
www.malingesellschaft.at
KZ-Gedenkstätte Museum Bisingen
https://museum-bisingen.de
KZ-Gedenkstätte Hailfingen/Tailfingen
www.kz-gedenkstaette-hailfingen-tailfingen.de
Paul Grüninger Stiftung
www.paul-grueninger.ch
Zeichen der Erinnerung
www.zeichen-der-erinnerung.org

Ortsregister

Personenregister

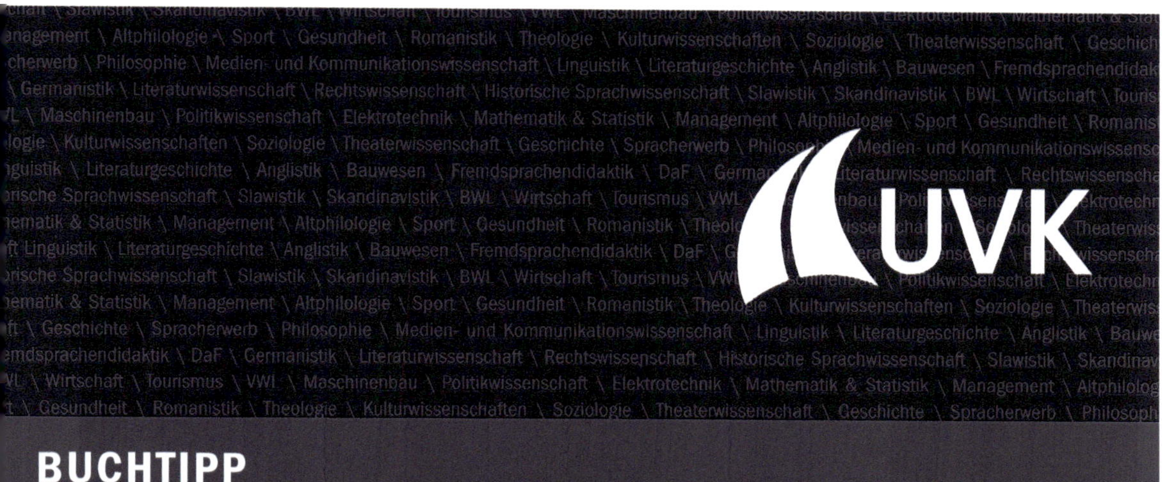
UVK